やさしい建築積算

渡邉浩文・生島宣幸 編著　堤忠正・清家将生・東泰紀・花岡健 著

Hirofumi WATANABE　Nobuyuki IKUSHIMA　Tadamasa TSUTSUMI　Masao SEIKE　Yasunori HIGASHI　Ken HANAOKA

Quantity Survey

学芸出版社

はじめに

　建物を造るということはとても面白く、また夢のある仕事であるが、ひとつの建物が完成するまでにはたくさんの職種の人たちが関わっている。

　大きくは建築主と施工者の立場に分かれ、例えば設計者は建築主側の立場に立っているが、中にはその両方の人たちと関わる職種もある。

　その職種のひとつが積算である。

　同じ図面を見て積算しているにもかかわらず、両者に対する内訳書に記載される数量や項目は全く同じではない。

　「建築数量積算基準」という、公に決められたルールに則っていても、内訳書という最終形になった時点においてそれぞれ異なるものになる。

　それは内訳書を使用する目的や立場の違いが一因となって生じるのだが、いずれの場合においても、積算では「正しいことが当たり前」であり、正確でなければならないことに変わりはない。

　適正な建設コスト、透明性の高い建設コストが求められて久しい。それらを実現するためには常に精度の高い数量積算が求められる。

　昨今は積算ソフトも進化し、従前に比べると積算作業はずいぶんと楽にはなったが、それでも積算には図面を見るだけでなく、図面に描かれていないものを読み取るセンスと多様な知識が必要となる。

　この本は積算の基本をしっかりと身に付けていただくために必要なことを中心に、普段実際に積算業務を行っている方々と建築教育の現場を知る方が協力してまとめたものである。

　またそれ以外の積算に関連した内容についても最低限知っておいていただきたい内容について簡潔にまとめてある。

　まず、第1章では積算の概要として積算の役割や数量積算を行うときのルールや、積算業務の大まかな流れ、また最終的にそれをまとめる内訳書の書式に至るまで、基本的なことについて解説をしている。

また第2章では鉄筋コンクリート造の建物を使って、土工事から躯体、仕上げと順を追って解説するとともに、実際にどのような計算になるのか、実例を示しながらその過程をわかりやすく解説してある。

　そして第3章と第4章では鉄骨造や木造の積算、改修工事の積算に加え、BIMなどのこれからの新しい積算技術についても解説してあり、これから積算を学ばれる方だけでなく、積算とは普段かかわりの少ない方にとっても最適な書となっている。

　この本から建築における積算の重要性を学び取っていただき、その中から一人でも多く将来積算に関する仕事に携わってくれる方が生まれることを期待している。

編著者

目次

第4章 積算業務のシステム化 146

01 建築積算とは何か

❶建築積算の役割

建築物は日用品や工業製品と違い、契約時点では現物がないことが多く、比較するものもないため、購入する側（発注者）はその価値判断をすることが難しい。

発注者が官公庁等の場合は「予算決算及び会計令」により「予定価格の作成」が定められており、積算数量はその根幹となるものである。

また受注者側においても、入札をする上で適正な原価を把握することや、実際に工事を進める上で資材などの発注を行うためなどに積算数量は重要な役割を果たしている。

❷工事費の構成

工事費を算出するためには、主に建物そのものの数量と単価が必要となるが、それだけではなく、それらを造るために必要な仮設や現場の運営費などが必要となる。これらの各金額の全体構成を図1・1に示す。

❸直接工事費と共通費、諸経費について

工事費は、工事科目ごとで算出される直接工事費と共通仮設費や現場管理費、一般管理費等で構成される。直接工事費は、建築工事に直接関係のある材料や製品などの費用で、工種別内訳書標準書式では、直接仮設・建具工事・内装工事などに分類されて計上される。

一方の共通仮設費や現場管理費、一般管理費等は、その工事全体にかかわる費用（経費）が計上されているので、まとめて共通費や諸経費などと呼ばれる場合もある。

❹各管理費と諸経費、共通費について

各管理費と諸経費、共通費の内容は以下となる。
① 現場管理費：現場経費と呼ばれる場合もあるが、建設現場の維持・運営に直接関係のある費用を指す。
② 一般管理費等：直接建設現場に関係する費用ではないが、建設会社の本社や支店などを運営していく上で必要な費用や会社の利益がこれに含まれる。

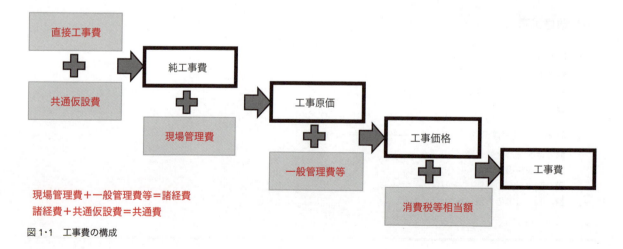

現場管理費＋一般管理費等＝諸経費
諸経費＋共通仮設費＝共通費

図1・1　工事費の構成

③**諸経費**：上記の現場管理費と一般管理費の合計を諸経費という。

④**共通費**：上記の諸経費と共通仮設費の合計を共通費という。

これらの費用それぞれの主な項目は以下のとおりである。

{共通仮設費}

 ・準備費

 ・仮設建物費

 ・工事施設費

 ・環境安全費

 ・動力用水光熱費

 ・屋外整理清掃費　など

{現場管理費}

 ・労務管理費

 ・租税公課

 ・保険料

 ・従業員給料手当（現場従業員）

 ・退職金（現場従業員）

 ・法定福利費

 ・福利厚生費

 ・事務用品費　など

{一般管理費等}

 ・役員報酬等

 ・従業員給料手当（本支店従業員）

 ・退職金（本支店従業員）

 ・法定福利費（本支店従業員）

 ・福利厚生費（本支店従業員）

 ・交際費

 ・寄付金

 ・調査研究費　など

❺ 単位について

数量積算で使用する単位は原則「**国際単位系**」(SI) を用い、長さは「ミリ」(mm)、「メートル」(m)、質量は「キログラム」(kg)、「トン」(t) を基本とする。

積算でよく使用する単位は「**メートル**」(m)、「**平方メートル**」(m^2)、「**立方メートル**」(m^3)、「**トン**」(t) である。

❻ 単価について

建築積算で使用する単価には次のようなものがある。

材料費：広義では材料（製品）を作るのに消費した物品（原価）のことをいうが、建築においては、あるものを製造するのに必要な材料の価格をいう。なお、その材料を現場まで運ぶ**運搬費**を含むこともある。

労務費（**施工費**）：あるものをつくるために必要な人件費（工賃）をいう。

複合単価：材料費と労務費を合わせて作られた単価。

合成単価：ある工事（材料）と関連のある工事（材料）の単価を組み合わせたもので概算時等に使用することが多い。（例えばアルミサッシ＋ガラス＋シーリングなどで構成を示す）

❼ 建築数量積算基準

1977 年完成の日本初の官民合同による積算基準。建築積算における工事価格を算出する上でその基本となる数量を積算するための計測方法、計算方法を定めたもので、官公庁の建物を積算する時に必ず用いられる基準のひとつ。

❽ 建築工事内訳書標準書式

建築工事における標準的な記載順序、内容を示すもので、内訳書式には主に次の三つがある。

工種別内訳書標準書式

工種、材料を対象とし、工程に準ずる順序で記載する方式で、一般的な構成は次のようになる。

①種目別内訳書

②科目別内訳書

③中科目別内訳書

④細目別内訳書

部分別（部位別）内訳書標準書式

建築物等を部分（部位）で分類し記載する方式で、一般的な構成は次のようになる。

①種目別内訳書

②大科目別内訳書

③中科目別内訳書

④小科目別内訳書

⑤細目別内訳書

これらのほかに**改修内訳書標準書式**などがある。

❾内訳明細書の作成

内訳明細書（単に**見積書**と呼ぶ場合もある）とは、多種多様な工事細目を工事の種別ごとや部分・部位ごとで整理し、それぞれの金額を明示したものである。内訳明細書は、発注者と施工者で交わされる契約の基となる重要な書類である。したがって、作成された内訳書は発注者、施工者双方にとって、建設プロジェクトを推進し完成させるために極めて大きな役割を持っている。

以降、内訳明細書の書式の種類と特徴、内訳明細書の作成に関する注意点を紹介する。

❿内訳明細書式の種類と特徴

工種別書式と部分別書式の主な内容や特徴は次のとおりである（表1・1、図1・2）。

①工種別書式

工事の種類ごとで区分された書式で、現場で発注する専門工事会社の職種ごとで分類されている。

基本的に元請の施工者が工事の発注区分ごとでとりまとめているので、現場での実行予算作成や管理、資材などの購入計画などに利用でき、施工者側にとって使い勝手が良い書式である。また日本では、一般的に受注する施工者側で内訳書を作成するので、施工者側にメリットがある工種別が広く普及しているのは当然と言える。したがって、大多数の内訳書式は工種別書式が採用されている。

表1・1　工種別・部分別　書式比較表

	工種別内訳書標準書式	部分別内訳書標準書式
利用度・普及度	広く普及している。	あまり使用されていない。
作成難易度	現場で発注される工事の種別ごとなのでわかりよい。	部分や部位ごとの構成内容の理解が必要。
積算の作業性	使い慣れているので、比較的効率が上がりやすい。	使い慣れていないことと、値入れ作業で下地材など同一単価を何度も値入れする必要があり、効率が落ちやすい。
使用する単価	材工共の複合単価が主体。	合成単価が主体(複合単価と材料単価などの合計単価)。
専門メーカーへの発注	科目別に分類されているので、そのまま利用できる。	分解して、再度取りまとめる必要がある。
コストマネジメントへの利用	利用しにくい。	利用しやすく、概算にも向いている
施主などへの説明資料	わかりにくい。	部位や部分などで区分されているため具体的に説明しやすい。
積算専用システムとの相性	合成細目を科目別に分類集計する必要があるので、相性が悪い部分もあるが、使い慣れている書式なので、あまり顕在化していない。工種別から部分別への変換は難しい。	合成細目のため、集計形態がそのまま内訳書になるので、相性が良い。また、部分別から工種別への自動変換ができるシステムもある。

②部分別書式

建物を構成する、部位や部分ごとで区分された書式で、発注者側にもわかりやすい内容となっている。例えば内部の床であれば、下地のコンクリートコテ押えから表層のカーペット敷まで同じ区分の中でとりまとめるため、建築の専門家でなくとも一定の理解ができる書式となっている。

一方の工種別書式では、下地のコンクリートコテ押えは左官工事に、表層のカーペット敷は内装工事に計上されるため、部位や部分でコストなどを把握するのは難しい書式となっている。

部分別書式は、発注者側にもわかりやすい書式ではあるが、前述したように市場で利用されている書式は、圧倒的に工種別書式が多い。ただし、基本計

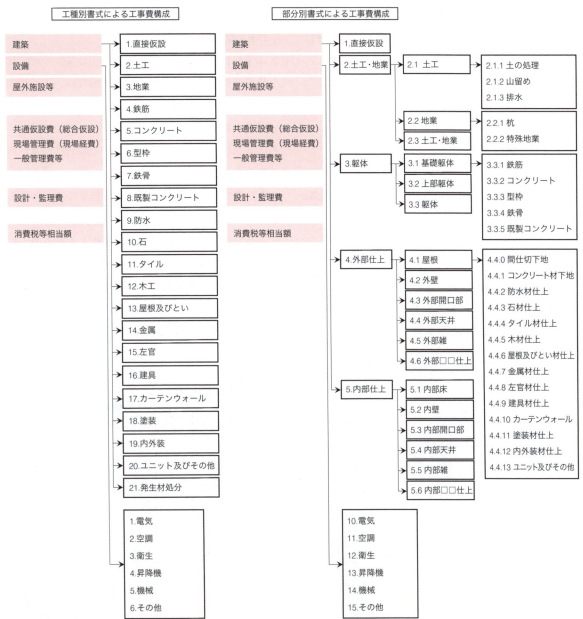

図1・2　内訳明細書式の種類と工事費の構成

画や基本設計の段階でコストマネジメントの一環として行う概算では、コストコントロールに利用するため、コストが部位や部分などで把握できる部分別書式が利用されることが一般的である。

⑪内訳書作成の注意点

　内訳書を手書きで作成することは稀なので、パソコンで作成することを前提として解説する。また、積算専用システムでは計算式から自動的に分類されて、内訳書を作成できるソフトも一般的に利用されている。

①使用する文字など

・略号や難解な漢字は使用しない。

・文体や表現は、プロジェクトごとで統一する。

・半角や全角の利用区分を決めておく。

・部位や場所がわかりやすいように表現する。

・制作金物などは、図面に表記のある図面番号を明記する。

②数量などの表示について

・単位や数量の表示方法は建築数量積算基準による。

・単位のミスや数量の記載ミスは、大きな違算につながるので特に注意を要する。

・数量や項目に間違いがないか必ず再確認する（転記チェックなど）。

・エクセルなどで作成した場合は、セルの指定ミスもあり得るため、必ず電卓などで検算する。

⑫内訳書作成の手順

　ここでは、エクセルなどの表計算の計算書から集計表を作成し、そこから工種別の内訳明細書にどう展開していくか説明する（表1・2、表1・3）。

①作業手順

・工事科目ごとに順次内訳書に計上していくが、部位などの順番に注意する。一般的には、床～幅木～壁～天井の順番となる。

・計上が終わった項目は蛍光ペンなどで消していく。

・集計表に同一項目が複数存在する場合は、合計数量を計上する。

・集計表の全ての項目が消えれば作業の終了となる。

②その他の注意点

　実務では内訳書の作成者と、単価を入れる値入れ担当者が違う場合が多々ある。値入れ担当者が判断しにくい表現やまぎらわしい表現などがあり、値入れ作業のミスを誘発するような内訳書は、成果品としても品質が落ちる。逆に、第三者が見ても内容が

表1・2　集計表の例

①床	ビニル床タイル t2.5	②床	ビニル床タイル t2.5	③幅木	ビニル幅木 H60	④幅木	ビニル幅木 H60	
	下地モルタル塗り		コンクリート面直均し仕上	⑤幅木	GB-R12.5（軽鉄面）	⑥幅木	GB-R12.5（GL 工法）	
								内訳書
	62 .70		216 .00		43 .00		71 .10	←計上数量
	62 .67		215 .81		42 .98		71 .05	←集計結果数量

⑦壁	ビニルクロス	⑧壁	ビニルクロス		EP 塗り		EP 塗り	
⑨壁	GB-R12.5（軽鉄面）	⑩壁	GB-R12.5（GL 工法）	⑪壁	GB-R12.5（軽鉄面）	⑫壁	GB-R12.5（GL 工法）	
								内訳書
	154 .00		96 .80		78 .30		108 .00	←計上数量
	153 .96		96 .75		78 .33		108 .33	←集計結果数量

表 1・3　内訳明細書の例

	名称	適用	数量		単位	単価	金額	備考
①+②	床 ビニル床タイル	t2.5	278	.0	m²			①　　　　② 62.67 ＋ 215.81
③+④	幅木 ビニル幅木	H60	114	.0	m			①　　　　② 42.98 ＋ 71.05
⑦+⑧	壁 ビニルクロス		251	.0	m²			①　　　　② 153.96 ＋ 96.75
⑪	壁 石こうボード	塗装下地(軽鉄面)t12.5	78	.3	m²			
⑫	壁 石こうボード	GL 工法 塗装下地 t12.5	108	.0	m²			
⑤×0.06+⑨	壁 石こうボード	貼物下地(軽鉄面)t12.5	157	.0	m²			①　　　　　　② 42.98×0.06 ＋ 153.96
⑥×0.06+⑩	壁 石こうボード	GL 工法 貼物下地 t12.5	101	.0	m²			①　　　　　　② 71.05×0.06 ＋ 96.75

良くわかる内訳書は、精度の高いコスト算出につながり、成果品の品質も高い。数量算出がいくら正確でも、内訳書で間違いがあれば、手間暇を掛けて算出した積算業務が無駄になるので、内訳書の作成には特に慎重さと注意が必要である。

⑬概算とコストプランニング

建築は食品、衣料品や車などと違い、大半は実物が完成するまでに契約をし、工事を行うため、発注者にとってリスクや不安要素も大きい。

それらを解消するための手段として、発注者に対して基本設計・実施設計などのフェーズごとに工事費を算出し、提示する必要がある。

発注者が想定している予算で実現するために様々な手法を用いて行う一連の活動をコストプランニングといい、その一環として工事費を算出する作業を概算という。

⑭バリューエンジニアリング（VE）

バリューエンジニアリング（VE）とは、最低のライフサイクルコストで必要な機能を達成するために、機能とコストの関係から価値を追及するために行う活動のことを言う。

⑮ライフサイクルコスト（LCC）

ひとつの建物が企画立案された後、新築され運用中に発生する改修・修繕に要する費用から最終的に取り壊しされる費用まで含めた総額をライフサイクルコストという。

一般的に建設工事費がライフサイクルコストの中で占める割合は 1/3 ～ 1/4 程度とされる。

⑯建築積算の資格

建築積算に関する資格は現在、公益社団法人日本建築積算協会が認定している以下の三つである（図1・3）。

・建築コスト管理士：建築プロジェクトの企画段階から設計段階、施工段階、運用段階まで全ての段階において数量積算のみならず事業計画や発注戦略など多岐にわたりコストマネジメントを行う。
（受験資格）：建築積算士取得後、実務経験 10 年以上など、受験資格も厳しく、最上位の資格である。
・建築積算士：建築物の工事費について数量算出から工事費算定までを行う。「建築数量積算基準」等を活用し的確に工事費を算出することができる。

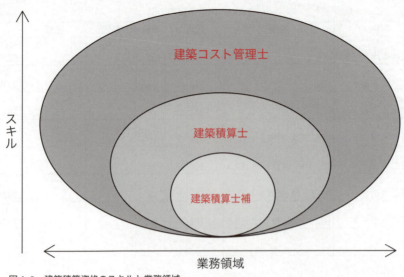

図 1・3　建築積算資格のスキルと業務領域

（受験資格）：18 歳以上

・**建築積算士補**：建築生産過程における工事費の算定並びにこれに付帯する業務に関して、基礎知識を有するもので、日本建築積算協会が認定する学校にて実施する試験に合格すると取得できる建築積算士の補助的資格。

（受験資格）：積算協会の認定校で建築積算講座を受講し所定の単位を取得した者。

| 02 | 積算業務の流れ

　ここでは、建築生産の中で建設会社が入札用の積算業務を行う場合と、積算事務所が公共工事などの予定価格算出のため積算業務を行う場合を想定して解説する。どちらも、ほぼ同様の業務の流れになるが、設計図書の受領先など異なる部分もある。

　建設会社における公共工事の入札用積算では、地方自治体などの発注者から設計図書を受け取る場合がほとんどである。これが民間工事の場合は、発注者である法人や個人の事業主（代理人など）からになる場合が多い。

　一方、積算事務所の場合、公共工事などでは国や自治体が設計業務を依頼している設計事務所からの発注になることが大多数で、まれに公共機関から積算業務だけ分離した直接発注がある。また、積算事務所の業務の中で大きな割合となっているのが、建設会社が数量積算の部分だけをアウトソースする外注積算業務である。この場合、コスト算出の重要な部分である値入れ業務（見積業務）は、積算事務所が作成した単価の入っていない内訳書（金抜き明細）を利用して建設会社の担当者が社内で行うことになる。

　以降、数量積算までの業務かコスト算出まで担当するのかの差異はあるが、一般的な積算業務の流れを解説する（図1・4）。

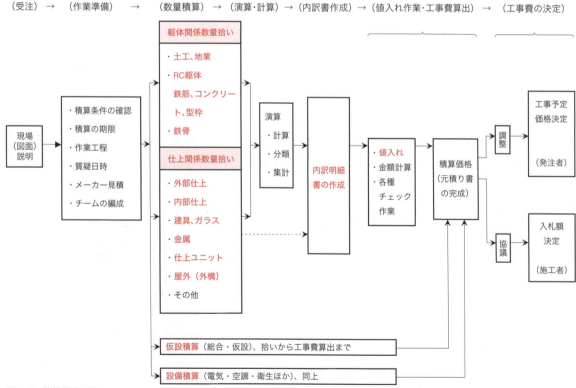

図1・4　積算業務の流れ

■1図面の受け取りから着手まで

　積算業務のスタートは、図面の受け取りから始まる場合がほとんどである。ここでは、発注者から現場（図面）説明を受け見積条件や積算要領などを確認する。

　積算担当者は、図面を受け取ると仕様書や要領書の確認、質疑の日程、最終提出日や要求されている成果品の内容や部数などを確認する。

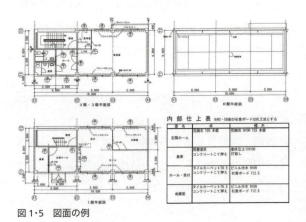

図1・5　図面の例

■2業務着手時の注意点と工程管理

　積算業務の着手前に最も重要なことは、チームワーク（複数人）で積算をする場合がほとんどなので、最終提出日に向けてどういう人員配置で業務を推進していくかである。特に、指定されている仕様書や積算要領、質疑書の提出日やメーカー見積の発注予定日などを確認し、業務のマイルストーン（節目節目）を明確に決めておく。これらを担当者全員が業務着手時に頭に入れておくことが非常に重要である。

　また、チームリーダーがその物件の規模や難易度などを勘案した業務処理予定時間を事前に算出・把握し、積算業務の担当区分を適切に配置する。併せて、担当者個々の業務処理予定時間や業務の終了日時など全般的な予定工程を立案し、業務着手時にチーム全員に周知させることが大切である。なお、特定の個人に過度な負担がかかると違算につながる場合があるので、チームリーダーは個々の力量を把握

した上で、担当業務や人員配置を考えることが必須となる。

　これは、なにも積算業務に限ることではないが、無理な業務工程は過大な超過勤務と疲労により、大きなミスを誘因する場合が多い。ほとんどのミスの原因が、無理な作業工程により慌てて積算を行ったことによる場合がほとんどである。これらが原因で出るミスは、大規模な建物では、簡単に億単位になることもありえる。

　半世紀以上前からある積算業界の格言で、「積算作業は急がば回れ」といわれるゆえんである。

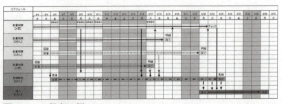

図1・6　工程表の例

■3数量積算業務から内訳書の作成

　数量積算業務は、積算業務全体で最も時間のかかる業務範囲である。一般的に「ひらい業務」とか「積算業務」といわれる。最近では、積算専用のソフトを使うことが一般的である。

　計測・計算の基準は「建築数量積算基準」によって行われるが、積算専用システムを利用すれば、積算基準に準拠した数量が自動的に算出される。

　しかしながら、システム化が進んでもデータを入

図1・7　建築数量積算基準書

力するのは人なので、担当区分ごとで慎重な作業が要求される。したがって、算出された数量をチェックする場合や設計変更に対応する場合などを含めて「建築数量積算基準」を十分に理解しておく必要がある。

特に、倍数のミスや桁ずれなどのミスは、前述したように億単位の違算になる場合もありえる。これらを防止するために数量積算業務が終了すれば、各担当がチェックリストなどを作成し異常値がないか確認することが極めて重要である。

4 値入れ業務から工事価格の算出

値入れ業務は、一般的に「**値入れ業務**」とか「**見積業務**」といわれる。数量積算が終了し作成された、まだ単価の入ってない「**金抜き明細**」に、刊行物、専門メーカー見積、自社の単価や過去の実績単価などから値入れを行い、建物のコストを算出する。

公共工事では、専門メーカーの見積単価を使用する場合、複数のメーカーから見積書を徴収して見積比較表を作成し、比較検討した上で採用メーカーを決める必要がある。

科目ごとの個々の単価が入れば、最終的に現場経費や一般管理費などの各経費を加えて工事価格の合計金額を算出する。建設会社の場合は、ここで営業部門などと相談しながら最終提出価格をいくらにするのか、戦略的な要素も含まれてくる。

値入れ作業は、比較的経験のある人が担当する場合が多い。また、建設会社では、積算事務所に外注し作成された「金抜き明細」に、見積部などの担当者が単価を入れて工事費を算出することが一般的である。

値入れ作業のミスは、信頼を大きく損なうようなミスになりかねない。特に、単価の桁ずれなどがあれば会社の信用問題にもなりえる。せっかく正確な数量算出をしても意味をなさなくなるので注意を要する。なお、この値入れ作業中に数量とコストのバランスなどを主要細目ごとで確認すれば比較的簡単に異常値が発見でき、かなりの割合で違算を防ぐことができる。結果的に違算防止の大きな役割も値入れ担当者は担っていることになる。

5 成果品のとりまとめから提出

積算業務で作成された、内訳明細書や各計算書を成果品として体裁良くとりまとめて提出物とするが、発注先から部数や所定の書式（A4 で指定など）があればそれに合わせて作成する。建設会社の入札用積算の場合、設計図書などは最終的に返却する場合が多い。

	名称	摘要	数量	単位	単価	金額	備考
A	庁舎棟						
1	直接仮設		1.0	式		14,036,000	
2	土工		1.0	式		10,038,000	
3	地業		1.0	式		6,291,000	
4	鉄筋						
5	コンクリート						
6	型枠						
7	鉄骨						
8	既製コンクリート						
9	防水						
10	石						
11	タイル						
12	木工						
13	屋根及びとい						
14	金属						

	名称	摘要	数量	単位	単価	金額
1	直接仮設					
	遣り方		1,323.0	m²	250	330,750
	墨出し		2,021.0	m²	490	990,290
	養生		2,021.0	m²	380	767,980
	整理清掃		2,021.0	m²	910	1,839,110
	地足場		1,323.0	m²	980	1,296,540
	外部足場	枠組本足場 手摺先行 W=1200 12m未満	1,654.0	m²	2,220	3,671,880
	外部足場	枠組本足場 手摺先行	220.0	m²	2,360	519,200

図 1·8　明細書の例

6 チェック・確認作業

積算業務の内容をチェックするさいに、一番注意を要することは、枝葉の細かいところのチェックにこだわりすぎて、大事な部分を見落とす「木を見て森を見ず」になることである。積算技術者は細かいことを積み上げる作業を行っているので、往々にして細かいところに目が行きやすい。したがって、大きな項目から小さな項目に流れていくチェックや確認作業が重要である。

また、自分が作業した範囲は、必ず新たな気持ちでセルフチェックを行うことが大原則で、これが完全にできて一人前の積算技術者となる。

チェックや確認作業には、一般的にチェックリストなどを作成して行うが、延床面積当たりの比率な

3. 内装チェック　担当者

建築面積：　　　　㎡　建物の周長：

延床面積：　　　　㎡　　　　　　m

★数量チェック関連　（　　　　の所を入力してください）（　　　　の所は入力不可です）

■床仕上げ面積チェック

内部床仕上げ

明細数量

石	㎡
タイル	㎡
木質系	㎡
左官	㎡
内外装	㎡
その他	㎡
延床に含まれない数量	㎡　　チェック数量
	㎡　　　　　㎡ ← 延床面積＊0.9程度

コメント欄　（チェック数量と大きく差がある項目は要コメント）

※　延床面積に含まれない数量は、計算書より抽出する。

図1・9　チェックリストの例

ど **数量歩掛り** を確認する形式が多い（図1・9）。このチェックリストを記入することにより、数量の妥当性と併せてケアレスミスや思い込みになどによる比較的大きなミスをかなりの割合で防止することができる。

7 第2章のモデル建物について

第2章の解説で使用するモデル建物は、公益社団法人日本建築積算協会（BSIJ）関西支部が積算教育用に使用しているモデル建物（BSIビル）で、鉄筋コンクリート造3階建て、建築面積230.64㎡、延床面積717.19㎡の標準的な事務所ビルである（図1・10、図1・11）。

第2章では、この建物の中から主要な部分をいくつか抜き出して解説を行うが、この解説を読めば「積算実務がただちにできるようになる」ものではない。積算の実例をとおして「積算とはこういうものだ」と感じてもらえれば良いかと思う。

なお、第2章での解説のうち、土工・地業・仕上（バルコニーなど）の一部では、モデル建物とは異なる図面を使用して解説を行うので、ご了承いただきたい。

8 積算業務のやりがいについて

積算技術者には様々な立場がある。建設会社の見積部や積算部で積算業務を行う場合や積算事務所や設計事務所の中で行う場合など、同じ積算業務でもいろいろな見方や考え方がある。業務内容も数量積算を中心に行う場合もあれば、コスト算出を中心に行う場合もある。

しかし全ての積算技術者に共通して言えることは、精度の高い数量やコストを算出し効率よく予算を使用することにより、ひいては社会により良いストックを造ることに貢献していることである。

また、積算は単なる数量算出やコスト算出であるとの狭い見方や考え方だけではなく、広く建築生産を捉えた場合、**CM（コンストラクションマネジメント）** や **FM（ファシリティマネジメント）**、**維持保全（ストックマネジメント）** など、関連する職域はかなり広範囲である。

確かに数量やコストを正確に算出できる技術も極めて大切ではあるが、積算技術者は、これらの技術を土台として、関連する分野にどんどんトライしていく時期にきていると言えるだろう。

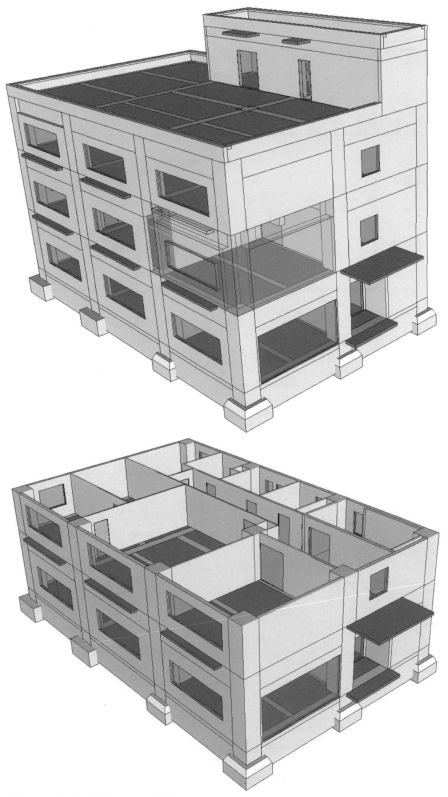

図1·10　第2章で使用するモデル建物

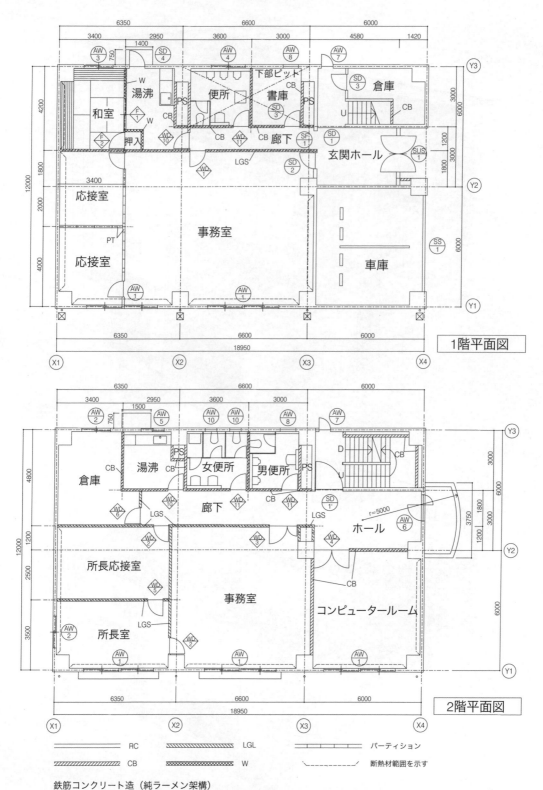

鉄筋コンクリート造（純ラーメン架構）
※長スパンとなるX1通りおよびX2通りでは、プレストレストコンクリートを採用している。

図 1・11　第 2 章で使用するモデル建物（BSI ビル）の平面図

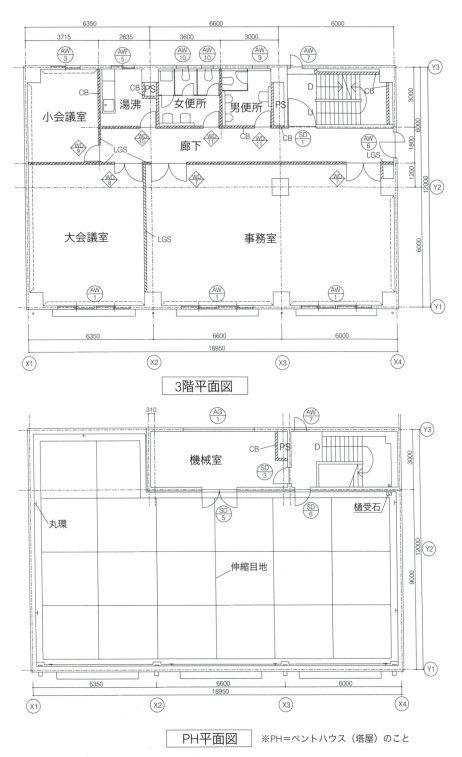

3階平面図

PH平面図　※PH＝ペントハウス（塔屋）のこと

▶プレストレストコンクリート
あらかじめコンクリートに圧縮力を加えることで、ひび割れの防止やたわみ量の調整ができる。
RC梁に比べ、長スパンの架構形成が可能になる。

| *01* | 土工事

❶土工事とは

土工事とは、建物の基礎や地下部分を作るために土を掘削し、基礎工事完了後の埋戻しや、必要レベルまで盛土を行う作業等の総称を指す。

主な計上項目は、整地・根切り・床付け・埋戻し・盛土・発生土（不用土）処理があり、現場状況に応じて、山留めや排水等も必要となる。

砂利地業や捨てコンクリート、杭、地盤改良等は、地業工事として土工事とは区別して計測する。

❷用語

土工事では、単語を聞いただけでは理解し難い用語が多数ある。ここでは、一部ではあるがいくつか解説をする。

工事開始時に、工事に支障のないように敷地内の現状地盤面を整える行為全般を「整地」と呼び、そのうちの作業として、「整地」「すきとり」「切土」がある（図2・1）。

①整地

敷地内の現状地盤面に多少の凸凹があり、その不陸を整正する必要がある場合に計上する。

整地（m²）＝整地すべき範囲として指定された面積

②すきとり（切土）

敷地内の現状地盤面が設計地盤面よりも高い場合は、設計地盤面までの土を削り取る作業が必要となり、概ね30cmまでは「すきとり」として計上し、それ以上になれば「切土」として計上する。

すきとり（切土）（m³）＝設計地盤から現状地盤までの平均高さ H（m）×その範囲の水平面積（m²）

③根切り

土を掘る掘削作業のうち、建物の基礎や地下空間、屋外の工作物等を作るために必要な部分を掘削することを「根切り」と言う。

④すきとり

土間下などの比較的広く浅い範囲を掘削する場合に、掘削作業の手間が「根切り」とは異なり、適用する単価も異なるため、「根切り」とは区別して「すきとり」と言う。前述の整地作業での「すきとり」と同じ単語ではあるが、積算で計上する際の意味合いは異なるため注意を要する。

⑤床付け

基礎部の根切り底面は、建物重量を支える重要な部分であることから、高精度の仕上りが求められる。そのため、基礎底面を掘削機械の爪で荒らしてしまわないように丁寧に仕上げる作業を「床付け」と言う。

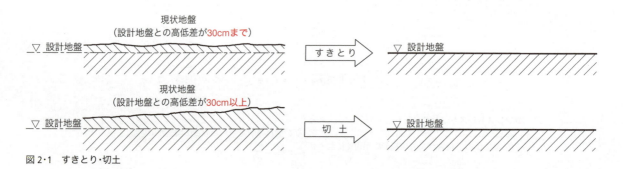

図2・1　すきとり・切土

法付き工法の場合

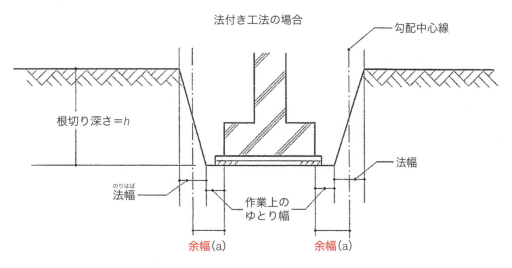

①
$$\left[\begin{array}{l}\text{根切り深さ1.5m未満の普通}\\\text{土の場合の標準}\end{array}\right]$$

法幅＝（根切り深さ）×0（α）
作業上のゆとり幅＝0.5m

$$余幅＝\left[\frac{法幅}{2}\right]+\begin{array}{l}\text{作業上の}\\\text{ゆとり幅}\end{array}$$

a＝0.5

②
$$\left[\begin{array}{l}\text{根切り深さ1.5m以上5.0m}\\\text{未満の普通土の場合の標準}\end{array}\right]$$

法幅＝（根切り深さ）×0.3（α）
作業上のゆとり幅＝0.5m

$$余幅＝\left[\frac{法幅}{2}\right]+\begin{array}{l}\text{作業上の}\\\text{ゆとり幅}\end{array}$$

$$a＝\frac{0.3h}{2}+0.5$$

③
$$\left[\begin{array}{l}\text{根切り深さ5.0m以上の}\\\text{普通土の場合の標準}\end{array}\right]$$

法幅＝（根切り深さ）×0.6（α）
作業上のゆとり幅＝0.5m

$$余幅＝\left[\frac{法幅}{2}\right]+\begin{array}{l}\text{作業上の}\\\text{ゆとり幅}\end{array}$$

$$a＝\frac{0.6h}{2}+0.5$$

山留工法の場合

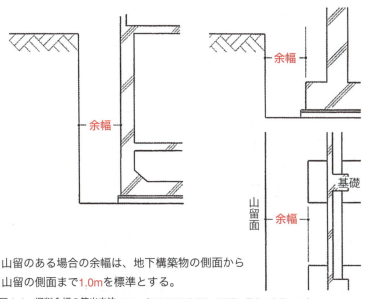
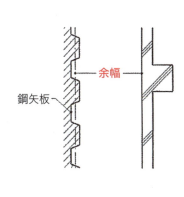
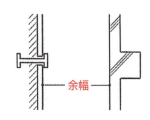

山留のある場合の余幅は、地下構築物の側面から
山留の側面まで1.0mを標準とする。

図2・2　掘削余幅の算出方法（出典：『建築数量積算基準・同解説』平成23年版、p.65）

❸関係積算基準

①設計数量と計画数量

設計数量とは設計図書に記載されている個数及び設計寸法から求めた長さ、面積、体積等の数量をいう。積算基準において、積算数量は「設計数量」とすることが定められているが、土工事にかかわる土工計画は、一般的に設計図書に記載されないため、計測する際に適切な土工計画を想定し数量算出をする。これを「計画数量」と言う。ただし、土工計画が設計図書として記載されている場合は、その計画による。

▶所要数量 定尺寸法による切り無駄や、施工上やむを得ない損耗を含んだ数量をいう。

②地山数量

土は掘削作業によって10～30%程度体積が増加するが、土のふくらみ等は考慮せずに地山数量で計測する。

▶土の体積増加 土質によって異なるが、砂質で1.1～1.2倍、粘土質で1.2～1.45倍、ローム質で1.25～1.35倍に膨らむ。

▶地山数量 土の掘削による膨らみや、締固めによる圧縮は考慮せずに、寸法どおりの体積によって計測・計算する数量のこと。

③掘削余幅

根切りの計測では「余幅」を考慮するが、余幅の数値は型枠作業等に必要なゆとり幅と根切り深さに応じた係数を乗じた法幅の1/2を加えた幅になる。

また、山留めを用いた土工事となる場合、山留め壁と躯体間の余幅は、設計図書で指示がなければ、根切り深さに係らず1.0mとする（図2・2）。

現状地盤が設計地盤より低い場合

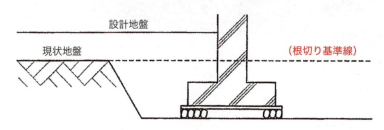

現状地盤が設計地盤より高い場合

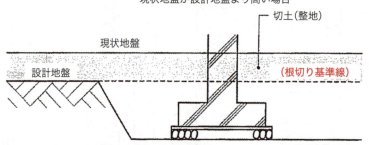

地盤の関係	根切り基準線	備考
現状地盤高さ ＞ 設計地盤高さ	設計地盤	設計地盤まですきとりまたは切土を行う
現状地盤高さ ＝ 設計地盤高さ	設計地盤	
現状地盤高さ ＜ 設計地盤高さ	現状地盤	

図2・3 根切り基準線の定め方 （出典：『建築数量積算基準・同解説』平成23年版、p.61～62）

❹積算の順序

　土工の積算順序は、概ね工事の順序に沿って計測することとし、整地→根切り→床付け→建設発生土→埋戻し→盛土の順とする。

❺事前の確認

　土工事を拾うに際し、事前に確認しておくべきことがある。

①現状の地盤状況

　原則として、設計地盤（SGL）を根切り基準線とするが、土工事を始める時点で、敷地内の現状地盤高さが設計地盤高さより高い、もしくは低い場合、凸凹がある場合もある。ここでは、設計地盤と現状地盤は同一として進めるが、実際の業務の際には必ず確認し、あとの拾い作業時には、現場状況に応じた数量計測が必要になる（図2·3）。

　一般的に地盤の高さは、設計地盤（SGL）・仮ベンチマーク（KBM）・東京湾・大阪湾潮位（TP・OP）等からの高さが、設計図書に記載される。

▶根切り基準線　根切りを開始する位置や、埋戻しを行う位置となる基準高さ。原則的に、設計地盤と現状地盤のうち、低い方となる。

②山留めの検討

　地下階がある、地中深くまで掘削する、掘削範囲が隣地境界線に近い等、崩落防止のためや地下水位の影響などから、山留め壁の検討も必要となる。設計図書に記載がなくても、「必要ではないか？」と疑問を持つことが重要である。

③地業の仕様

　基礎や基礎梁・土間下部の捨てコンクリート厚さ、砂利地業厚さについて、図面で指示がされているか、意匠図面と構造図面などの図面間で材料や厚み・範囲の食い違いがないかを確認しておく。この確認を怠ると、根切り深さの修正や埋戻し数量の変更など、後々の手戻りの原因となる。

❻事例解説

　「根切り・床付け・埋戻し・建設発生土」の一連を解説する。ここでは、根切り基準線はGL±0とする。図2·5の伏図を確認してほしい。

　各部分で計算書を示すが、土工事は設計図書では表現されない計画数量になることから、どのような土工計画で数量積算を行ったのか確認・記録するためにも、案内図を作成する。案内図についても参考として示す（図2·6）。

　案内図は、**基礎伏図に各部分の余幅線を書き込み、根切り深さごとに色鉛筆などで着色すると**、あとから見返す際にもわかりやすい。

　また、案内図を先に作成することで、あとの数量算出時にも、どの範囲の数値を計算すれば良いか、容易に判断ができる。

①根切り

　基本的な根切りの考え方として、深い部分から拾い進める。一般的には基礎が最も深くなる。

　数量算出手順は、各部分ごとに、**根切り深さの算出→余幅の算出→根切り幅の算出→根切り長の算出→根切り体積の算出**となる。

(1)基礎

　2か所の基礎F₁は、基礎底がGL−1.5m、捨てコンクリート厚0.05m、砂利地業厚0.06mとなっている。まずは根切り深さを算出する。

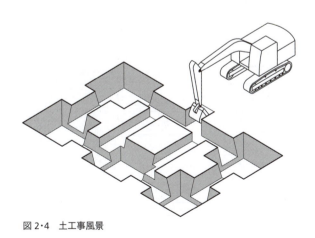

図2·4　土工事風景

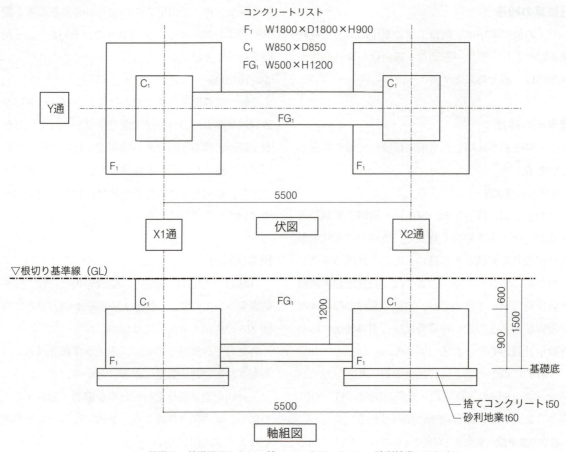

コンクリートリスト
F₁　W1800×D1800×H900
C₁　W850×D850
FG₁　W500×H1200

・基礎下、基礎梁下ともに、捨てコンクリートt50、砂利地業t60とする。
・基礎梁天端は、GL±0とする。

図2・5　土工事事例解説　図面

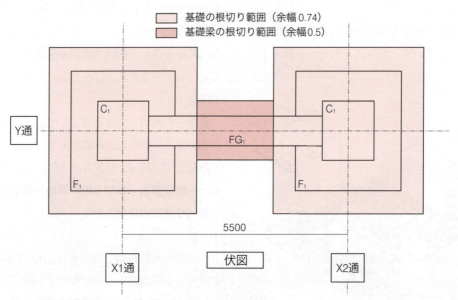

図2・6　根切り案内図 （作業上のゆとり幅と法幅については図2・2参照）

根切り深さ＝根切り基準線から基礎底の深さ＋捨てコンクリート厚＋砂利地業厚

となり、

根切り深さ＝ 1.5m ＋ 0.05m ＋ 0.06m ＝ 1.61m

となる。（表2・1①参照）

次に余幅を算出する。

根切り深さが 1.5m 以上なので、積算基準に則り計算すると、

余幅＝根切り深さ× 0.3 ÷ 2 ＋ 0.5　となり、

余幅＝ 1.61m × 0.3 ÷ 2 ＋ 0.5 ＝ 0.74m

となる。

根切り幅および根切り長については、

基礎コンクリート寸法＋余幅× 2　となり、

根切り幅＝ 1.8m ＋ 0.74m × 2 ＝ 3.28m

となる。（表2・1②参照）

基礎 F_1 は正方形なので、X方向Y方向共に同じ数値となる。

(2)基礎大梁

基礎大梁 FG_1 の根切りを計測する。図面情報から、FG_1 は梁天端が GL±0、梁成 1.2m で、捨てコンクリート厚 0.05m、砂利地業厚 0.06m となっている。

根切り深さは基礎と同様の考えとなり、

根切り深さ＝ 1.2m ＋ 0.05m ＋ 0.06m ＝ 1.31m

となる。（表2・2③参照）

余幅については、根切り深さが 1.5m 未満なので 0.5 となる。

根切り幅を算出する。

根切り幅＝基礎梁コンクリート幅＋余幅× 2　となり、

FG_1 根切り幅＝ 0.5 ＋ 0.5 × 2 ＝ 1.50m

となる。（表2・2④参照）

根切り長さについては、基礎 F_1 で根切りを行った部分の内法長さとなる。

X1～X2 間長さは 5.50m で、ここから基礎幅の 1/2 と余幅 0.74 を両端それぞれ減ずるので、

5.50m － （0.9m ＋ 0.74m）× 2 ＝ 2.22m

となる。（表2・2⑤参照）

表 2・1　基礎の計算書

| 名称 | 根切 | | | | |
	幅	長	深	か所	数　量
基礎	余幅0.74				
F_1	② 3.28	② 3.28	① 1.61	2	34.64

表 2・2　基礎大梁の計算書

| 名称 | 根切 | | | | |
	幅	長	深	か所	数　量
基礎大梁					
FG_1	余幅0.5				
Y－X1～2	④ 1.50	⑤ 2.22	③ 1.31	1	4.36

これで根切りの拾いが行えた。設計図書では表現されない数量を計測するので、案内図を作成・確認しながら、どこを計測しているかわかるようにしておくことが重要である。

今回の解説では簡易な形状を用いたが、実際の建物図面で拾う際には、図面に記載されていない寸法（計算で求めることができる寸法）を、積極的に拾い用の図面に記入しておくことで、あとの拾い作業が格段にスムーズになる。

②すきとり

根切りの解説で使用した伏図は、簡易な形状のため、すきとりを計上する必要はないが、一般的には根切りの後に「すきとり」を計測する。

基礎や基礎梁の根切りを行った後に掘り残された土間下などの比較的広く浅い範囲を掘削する場合に、掘削作業の手間が他の根切り部分とは異なり、適用する単価も異なるため、根切りとは区別して「すきとり」として計上する。

先に整地の部分で解説した「すきとり」とは、言葉は同じだが意味合いが異なるため、混同しないよう注意が必要である。

すきとり（㎥）＝すきとり対象面積×すきとり高さ

一般的にすきとり範囲は基礎大梁の根切り範囲間

の内法部分となる。

図面情報から、基礎梁間の寸法を用いて計測するが、そのまま計測すると、基礎の根切り範囲と重複してしまうため、その部分はあとから基礎根切り控除として減計算が必要となる。

③床付け

基礎・基礎大梁・基礎小梁・底盤（基礎スラブ）底面が対象となる。

盛土部分は計測対象にならない。

床付け面積は各対象部分の地業面積と同じになるため、地業工事計算書で求める基礎下部分砂利地業面積を用いる（表2・3）。

表2・3　床付けの計算書

名称	床付け			
	幅	長	か所	面　積
基礎下				
	基礎下部分砂利地業面積より			10.59
計				10.59

④杭間ざらい

杭が1台の基礎に複数本打たれる場合（群杭）に、杭間の土は大型の掘削機械では掘れず、小型機械や手掘りで行うことになり、掘削手間が変わるため、その作業分として杭の本数を計上する。

既製コンクリート杭が基礎1台につき1本の場合（単杭）、本来の意味合いからすれば杭間ざらいは不要となるが、単杭でも杭周囲の掘削は注意をしながらの作業になるため計上する（図2・7）。

また、一般的に杭間ざらいは既製杭の場合のみ計

単杭
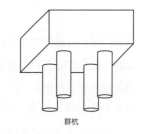
群杭
図2・7　単杭と群杭

上される傾向があるが、これは場所打杭の場合は1基礎1本杭（単杭）の場合が多いためで、場所打杭でも群杭となれば、確認のうえ、計上が必要である。

⑤建設発生土

「根切り」で掘削した部分は、躯体工事が完了すれば、不要な穴を埋め戻す作業を行う必要がある。

埋め戻さない部分の数量として、根切り基準線以下の土中に埋まる基礎や地下構造物、ピット等の空間、地業等の体積の合計を「建設発生土」として計測する。

基本式は、

建設発生土＝根切り基準製以下の基礎および構造物体積＋捨てコンクリート体積＋砂利地業体積

となる。

まずは根切り基準線以下の「躯体数量」を算出する。

基礎 F_1 は、全体が地中に埋まるので、基礎寸法をそのまま用いる。

基礎柱 C_1 は、柱リストによる断面寸法と根切り基準線から基礎上面までの高さを計測する。

表2・4　建設発生土の計算書

名称	地中埋設体積				
	幅	長	深	か所	数　量
【躯体】					
基礎					
F1	1.80	1.80	0.90	2	5.83
基礎柱					
C1	0.85	0.85	0.60	2	0.87
基礎大梁					
FG1 Y－X1～2	0.50	4.65	1.20	1	2.79
基礎当り	0.50	●0.48	●0.60	▲2	▲0.29
	0.9－0.425＝0.48		1.2－0.6＝0.6		
【地業】					
砂利地業 （基礎下）	地業工事計算書より				0.64
捨てコンクリート （基礎下）	地業工事計算書より				0.53
				合計	10.37

基礎梁 FG_1 は、梁幅と基礎柱間内法長さ、根切り基準線から梁底までの高さを乗じた体積とするが、**基礎と基礎梁の重複部分を「基礎当り」として控除する**ことを忘れないように注意が必要である。

次に各構造物下部の「地業数量」を計測するが、今回の場合、各構造物下の地業は全て根切り基準線より下に存在するため、あとから計測する地業工事数量をそのまま用いることができる。

躯体数量と地業数量を合計すると、「建設発生土」数量は 10.37m³ となる（表2·4）。

⑥埋戻し

「根切り」と「すきとり」で掘削した範囲のうち、基礎躯体工事完了後に根切り基準線まで埋戻す体積を計上する。

基本式は原則的に、

根切り数量＋すきとり数量－建設発生土数量＝埋戻し

となる。

先の解説で計算した根切り数量と建設発生土数量を当てはめると、

34.64（基礎根切り）＋ 4.36（基礎梁根切り）－ 10.37（建設発生土）＝ 28.63m³　となる。

⑦盛土

現状地盤が設計地盤よりも低い場合や1FLが高い場合に、土間下の地業底高さが根切り基準線よりも上になる場合がある。

その際には、根切り基準線までは「埋戻し」として扱うが、**根切り基準線より上部に関しては「盛土」**として扱う（図2·8）。

盛土（m³）＝盛土対象面積×必要高さ

⑧山留め

「山留め」とは、主に根切り側面の土が崩落することを防ぐための仮設物で、多数の工法がある。代表的なものでは「親杭横矢板工法」と「鋼矢板工法」がある。

「親杭横矢板工法」の場合、親杭の長さ・本数・重量と横矢板の面積を計測する（図2·9）。

「鋼矢板工法」の場合、掘削深さに**根入れ深さ**を加えた高さと、山留め周長による面積とする（図2·10）。

▶**根入れ深さ**　山留め壁は、掘削底面よりも深くまで挿入する。この掘削底面よりも深い部分を根入れ部分という。

⑨排水

「排水」とは、作業効率が低下することを避け、崩落の危険性を低減するために、工事中の雨水や、掘削面からの湧水を排除することを言う。土質や必要排水量によって様々な排水工法がある（図2·11、図2·12）。原則として、排水計画に基づいて数量等を計測する。

7 土工事のまとめ

土工事は設計図書では指示がされないこと、現場状況によって必要な項目が変わることに注意し、計測・計算することが大切である。

また、土工事の拾い作業は躯体数量や地業数量を流用できるため、躯体工事と地業工事の拾い作業が済んでから行ったほうが効率よく進めることができる。

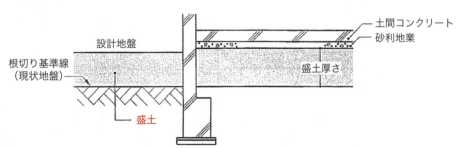

図2·8　盛土（出典：『建築数量積算基準・同解説』平成23年版、p.68）

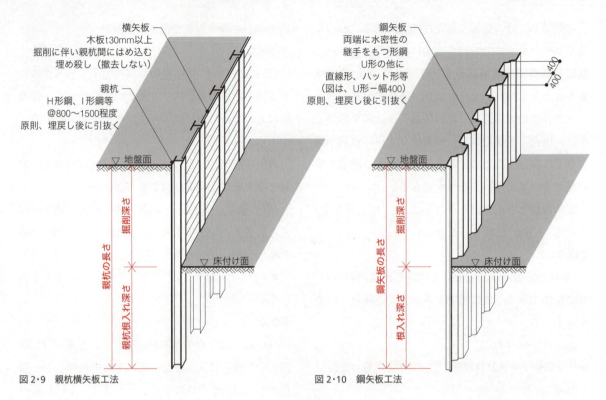

図2·9　親杭横矢板工法

横矢板
木板t30mm以上
掘削に伴い親杭間にはめ込む
埋め殺し（撤去しない）

親杭
H形鋼、I形鋼等
@800〜1500程度
原則、埋戻し後に引抜く

▽ 地盤面

掘削深さ

親杭の長さ

親杭根入れ深さ

▽ 床付け面

図2·10　鋼矢板工法

鋼矢板
両端に水密性の
継手をもつ形鋼
U形の他に
直線形、ハット形等
（図は、U形−幅400）
原則、埋戻し後に引抜く

400
400

▽ 地盤面

掘削深さ

鋼矢板の長さ

根入れ深さ

▽ 床付け面

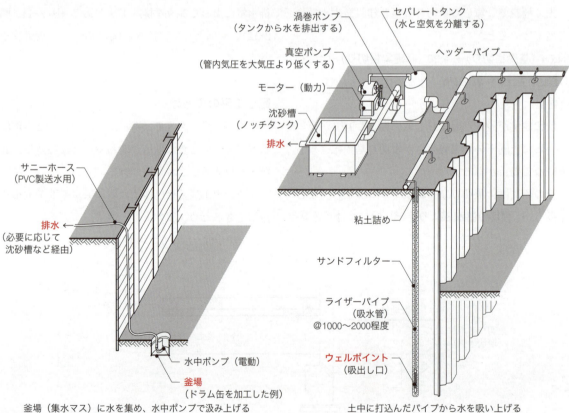

サニーホース
（PVC製送水用）

排水
（必要に応じて
沈砂槽など経由）

水中ポンプ（電動）

釜場
（ドラム缶を加工した例）

釜場（集水マス）に水を集め、水中ポンプで汲み上げる
図2·11　重力排水工法の例（釜場排水工法）

渦巻ポンプ
（タンクから水を排出する）

セパレートタンク
（水と空気を分離する）

真空ポンプ
（管内気圧を大気圧より低くする）

ヘッダーパイプ

モーター（動力）

沈砂槽
（ノッチタンク）

排水

粘土詰め

サンドフィルター

ライザーパイプ
（吸水管）
@1000〜2000程度

ウェルポイント
（吸出し口）

土中に打込んだパイプから水を吸い上げる
図2·12　強制排水工法の例（ウェルポイント工法）

|02| 地業工事

■1 地業工事とは

建物重量を支える支持地盤面まで荷重を伝達させるために行う**砂利地業**や**杭地業**、**地盤改良地業**などの総称である。**捨てコンクリート**や土間下の**防湿・断熱材**についてもあわせて計測する。

■2 関係積算基準

①躯体からの出幅

砂利地業などの躯体側面からの出幅は、原則は設計図書によるが、記載がなければ、**0.1m**とする。

②杭による欠除

杭がある場合、杭径が**600mm未満**の場合は、その杭による地業の欠除はないものとする。すなわち、杭径が**600mm以上**であれば、その部分の地業工事数量を減じなければならない。

③設計数量

地業工事にかかわる数量は、範囲や厚み等が図面で指示され、読み取ることが可能なので、設計数量とする。

■3 事例解説

土工事の解説で使用した図2・13を使用し「砂利地業・捨てコンクリート」を解説する。

①砂利地業

砂利地業は「基礎下部分」と「土間下部分」とで区分して計測・計算をする。

▶砂利地業　砂利や砕石を50〜60mm厚に敷き、ランマー等で転圧して締め固める地業。解体コンクリート材を用いた再生材もよく使用される。12cm前後の割栗石を根切り底に小端立てに敷き並べ、その隙間を砂利で埋め入れて突き固める割栗地業などもある。

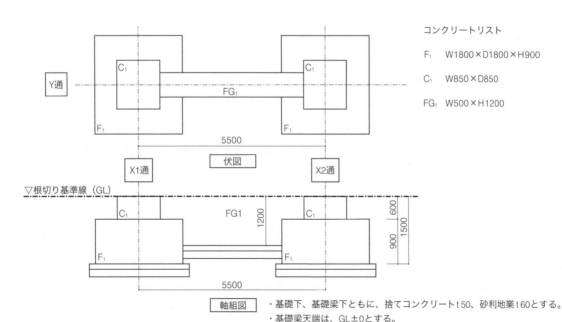

コンクリートリスト

F1　W1800×D1800×H900

C1　W850×D850

FG1　W500×H1200

・基礎下、基礎梁下ともに、捨てコンクリートt50、砂利地業t60とする。
・基礎梁天端は、GL±0とする。

図2・13　地業工事事例図面

これは、基礎下と土間下では、適用する単価が異なるためで、「基礎下部分」には、基礎・基礎大梁・基礎小梁・底盤（基礎スラブ）を含める。

土間コンクリートや、1SL の構造スラブは「土間下部分」に含める。

▶ **SL** スラブレベルを指す。FL（フロアレベル）とは異なり、躯体スラブの天端位置を示す。構造図で記載される場合が多い。

(1)基礎下部分

基礎 F_1 の砂利地業を計測する。

手順としては、まず地業面積を算出してから厚みを乗じて体積を算出する。

地業面積の基本式は、

（基礎コンクリート幅＋躯体側面からの出幅×2）×（基礎コンクリート長＋躯体側面からの出幅×2）

となる。

図面では地業の出幅が記載されていないので、躯体面から 0.1m を両側に加算することになり、

1.8m ＋ 0.1m × 2 ＝ 2.0m

となる。（表2・5 ①参照）

基礎 F_1 は正方形なので、幅・長ともに同じ数値となり、基礎 F_1 の地業面積が算出できる。

厚みは図面情報から 0.06m を乗じる。

次に、基礎梁 FG_1 の砂利地業を計測する。

基礎梁の場合の地業面積基本式は、

（基礎梁コンクリート幅＋躯体側面からの出幅×2）×（基礎間内法長さ）

となる。

躯体側面からの出幅は、基礎同様に図面に記載がないため、0.1m とし、

(0.5m＋0.1m×2)×(5.5m－0.9m(基礎幅の1/2)×2)
＝ 0.7×3.70 ＝ 2.59m²

となる。（表2・5 ②参照）

ここでは、柱間の内法長さではなく、基礎間の内法長さであることに注意が必要である。

表2・5 砂利地業の計算書

名称	地業（基礎下）					
	幅	長	か所	面積	厚	体積
基礎	①					
F1	2.00	2.00	2	8.00	0.06	0.48
基礎大梁	②					
FG1						
Y1－X1～2	0.70	3.70	1	2.59	0.06	0.16
計				10.59		0.64

表2・6 捨てコンクリートの計算書

名称	捨てコンクリート					
	幅	長	か所	面積	厚	体積
基礎下						
	基礎下部分砂利地業面積より			10.59	0.05	0.53
計						0.53

砂利地業厚さは図面情報から 0.06m となる。

基礎下部分の地業面積は、計算書から「10.59m²」となるが、この数値を先の解説の土工事「床付け」数量に転用している。

(2)土間下部分

土間下の地業面積は、基礎梁に囲われた内法寸法を計測する。柱との取合い部分の欠除はないものとする。

土間下砂利地業(m^3)＝基礎梁間内法長さによる面積×地業厚さ

これは、土工事の建設発生土で算出する土間の寸法と同じであり、土工事で先に算出していれば地業工事に、地業工事で先に算出していれば土工事に、など、関係数量を効率的に転用することで、拾い手間が軽減できる。

②捨てコンクリート

続けて捨てコンクリートを求めるが、「基礎下部

分」と「土間下部分」では、打設のタイミングが異なるので、区分して計測・計算をする。

▶**捨てコンクリート**　基礎や基礎梁の位置を示す墨出しを行うために設けられる。

砂利地業と捨てコンクリートは、一般的に同じ面積となるので、先ほどの基礎下部分地業面積をそのまま転用できる（表2・6）。

③土間下防湿シート・断熱材敷き込み

地業工事では**土間下防湿シート**や**土間下断熱材敷き**も計測・計算をするが、これらは、土間下部分地業面積をそのまま転用できる。

▶**土間下防湿シート**　土中の湿気が建物内に侵入することを防ぐために設ける。ポリエチレンシート等を用いる。

▶**土間下断熱材敷き**　土中の冷気が建物内に侵入することを防ぐために設ける。押出発泡ポリスチレンフォーム等を用いる。

地業工事で計測する砂利地業体積と捨てコンクリート体積、土間下断熱材敷きについては厚みの0.025を乗じた体積を、土工事の建設発生土の計算書へ転用する。

4 他の地業について

①既製コンクリート杭

既製コンクリート杭は材種・形状・寸法・工法ごとに区分し、継杭（つぎぐい）の場合は継手（つぎて）も考慮した組数を計上する。

> 例) P₁　上杭　PHC杭（A種）φ600　L＝5m
> ＋
> 　　　下杭　PHC杭（A種）φ600　L＝7m
> 　　　継手金物共

②場所打コンクリート杭

場所打（ばしょうち）コンクリート杭は、現場で杭体（くいたい）を築造するので、コンクリートおよび鉄筋の計測が必要となる。一般的に場所打杭の場合、杭の設計寸法以上に掘削してコンクリートを打設するため、コンクリート体積には割増（わりまし）を行う。

また、杭頭部には50cm～100cm程度の**余盛り**（よもり）を設け、のちほどその部分を斫（はつ）り取る。この余盛り部分のコンクリートと、斫取（はつと）り（杭頭処理（くいとう））も計測対象になる。杭体の鉄筋は所要数量を求めるが、設計数量に3%の割増をした数量とする。鉄筋工事での割増率（4%）とは異なることに注意が必要である。

▶**余盛り**　場所打ちコンクリート杭の杭頭部には不純物が溜まりやすく強度不足が発生しやすいため、50～100cm程度余分に打上げて、硬化後に斫り取る部分を指す。

③地盤改良

支持地盤が比較的浅い場合に、基礎下部の土をセメントにより固化することで、建物重量を支持地盤に伝達させる地業工法。工法には**表層改良**や**柱状改良**などがある。

計測数量は改良部分の体積とする場合が多いが、工法によって様々なので確認が必要である。

▶**表層改良**　固化材を散布し、攪拌・混合・整正・転圧によって、地盤表層を締固め・固化する事で、安定した地盤を形成する。

▶**柱状改良**　地中に固化材を注入・攪拌し、硬い柱状の改良体を形成する。

④ラップルコンクリート

支持地盤が比較的浅い場合に、基礎下部から支持地盤までに打設する無筋コンクリート構造体。計測数量は**コンクリート体積**と、**コンクリート側面の型枠面積**となる。型枠を用いない場合もあり、その際は基礎幅に出幅0.1mを加えた長さと高さにより計測する。

03 躯体

❶躯体工事とは

躯体とは、コンクリートや型枠・鉄筋など、建物の構造的な骨組となる部分を指す。

計測・計算するのはコンクリート・型枠・鉄筋で、仕上工事と比べると計測する項目は少ない。しかし、実際に建物が完成してからは目視できない部分が多く、見慣れていないために、苦手意識を抱く者も多い。

躯体積算をする際には2次元の図面を頭の中で立体的に構成・想像することが必要で、特に鉄筋は他の部材に定着させるなど、純粋に部材長さだけを計測するのではないため、積算基準でいくつも細かい取決めがされており、それを熟知するにも時間は掛かる。

しかし、ひとつずつ積上げるという部分は他の拾いと変わらないので、決して食わず嫌いにならないでほしい。

❷計測順序

躯体工事では。積算過程で脱漏・重複を防ぐために、部位ごとに計測順序が決められている。**基礎→基礎柱→基礎梁→底盤→柱→大梁→小梁→床板→壁→階段→その他**の順で計測する。

表2·7 躯体（部位別）集計表

[RC造 / 延180.00m²]

部位	コンクリート(m³)	m³/延m²	型枠(m²)	m²/延m²	m²/m³	鉄筋（t）						kg/延m²	kg/m³	圧接（か所）		
						D10	D13	D16	D19	D22	計			D19	D22	
基礎	11.45	0.064	25.60	0.14	2.24		0.076	0.386			0.462	2.6	40.3			
柱	21.15	0.118	141.12	0.78	6.67	0.060	1.547			1.580	3.187	17.7	150.7		120	
基礎梁	20.81	0.116	107.13	0.60	5.15	0.934	0.301		0.535	0.556	2.326	12.9	111.8	33	21	
大梁	16.68	0.093	112.28	0.62	6.73	0.571			0.922	0.682	2.175	12.1	130.4	36	29	
小梁	0.69	0.004	4.60	0.03	6.67	0.022			0.102		0.124	0.7	179.7			
床板	44.57	0.248	221.34	1.23	4.97	3.220	3.349				6.569	36.5	147.4			
壁	27.54	0.153	367.12	2.04	13.33	1.827	0.528				2.355	13.1	85.5			
階段	3.12	0.017	39.12	0.22	12.54	0.141	0.139				0.280	1.6	89.7			
雑	6.67	0.037	86.92	0.48	13.03	0.702	0.230				0.932	5.2	139.7			
土間	9.33	0.052	7.80	0.04	0.84	0.835	0.193				1.028	5.7	110.2			
計	162.01	0.900	1113.03	6.18	6.87	8.312	6.363	0.386	1.559	2.818	19.438	108.0	120.0	69	170	
所要数量（4%）						8.644	6.618	0.401	1.621	2.931	20.215					

工事名・○○事務所新築工事

表2·8 躯体（階別）集計表

[RC造 / 延180.00m²]

部位	コンクリート(m³)	m³/延m²	型枠(m²)	m²/延m²	m²/m³	鉄筋（t）						kg/延m²	kg/m³	圧接（か所）		
						D10	D13	D16	D19	D22	計			D19	D22	
基礎階	46.77	0.26	147.85	0.82	3.16	1.645	1.997	0.386	0.535	0.830	5.393	30.0	115.3	33	21	
地下計	46.77	0.26	147.85	0.82	3.16	1.645	1.997	0.386	0.535	0.830	5.393	30.0	115.3	33	21	
1階	62.91	0.35	553.98	3.08	8.81	3.411	2.430		0.529	1.196	7.566	42.0	120.3	27	90	
2階	43.00	0.239	403.40	2.24	9.38	2.421	1.743		0.495	0.792	5.451	30.3	126.8	9	59	
地上計	105.91	0.588	957.38	5.32	9.04	5.832	4.173	0.000	1.024	1.988	13.017	72.3	122.9	36	149	
土間	9.33	0.052	7.80	0.04	0.84	0.835	0.193				1.028	5.7	110.2			
計	162.01	0.900	1113.03	6.18	6.87	8.312	6.363	0.386	1.559	2.818	19.438	108.0	120.0	69	170	
所要数量（4%）						8.644	6.618	0.401	1.621	2.931	20.215					

工事名・○○事務所新築工事

また、積算基準や、あとの解説の中でも「さきの部分」「あとの部分」というワードが出てくるが、この順序のことを指す。

❸ 拾い区分・集計

内訳書を作成する際に必要になる数量によって、拾い段階から区分をして計算・集計をする必要がある。

大きくは「部位別集計」や「階別集計」がある。

「部位別集計」では、計測順序で記載した部位ごとに数量集計をする（表2・7）。

「階別集計」では基礎階・1階軸・2階軸など、階ごとの数量集計をする（表2・8）。

これは、「鉄筋材料は部位別集計表」から、「コンクリート材料数量は部位別集計表」から、「コンクリート打設数量や型枠数量は階別集計表」からなど、計上する項目によって、必要な集計数量が異なるためである。

躯体工事に関しては、「部位別集計表」と「階別集計表」があれば、一通りの内訳書作成が可能になる。集計方法や区分を確認せず拾いを進めてしまうと、必要な数量が読み取れず、あとから集計をし直すなど、手戻りの原因となってしまう。

また、大規模の建物になれば、1工区・2工区など、1棟の建物の中でも区分をする場合もある。その場合は、1工区の部位別集計・階別集計、2工区の部位別集計・階別集計などで集計をする。必ず事前に確認が必要である。

❹ コンクリート工事

一般的に構造体部分で使用されるコンクリートは、「普通コンクリート」である。「普通コンクリート」は、強さを表す**コンクリート強度**や、硬化する前のコンクリートの柔らかさを表す**スランプ値**によって細かく区分される。

▶ **コンクリート強度**　コンクリート打設後4週（28日）時点の圧縮強度を示す。

▶ **スランプ値**　数値が小さいほど硬練のコンクリートになる。数値が大きくなれば施工性は向上するが、耐久性は低下する。建築工事では一般的にスランプ15cm・18cmが用いられる。

また、コンクリート強度によって鉄筋の定着長が変わるため、拾い作業を始める前に必ず確認が必要

表2・9　コンクリート強度による定着長の区分表

鉄筋種別	コンクリート設計基準強度（Fc）	直線定着長さ			
		L1	L2	L3	
				小梁	スラブ
SD295A SD295B	18	45d	40d		
	21	40d	35d		
	24, 27	35d	30d		
	30, 33, 36	35d	30d		
SD345	18	50d	40d		10d かつ 150mm 以上
	21	45d	35d	20d	
	24, 27	40d	35d		
	30, 33, 36	35d	30d		
SD390	21	50d	40d		
	24, 27	45d	40d		
	30, 33, 36	40d	35d		

※dは鉄筋の呼び径を表す。

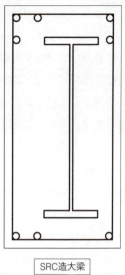

SRC造大梁

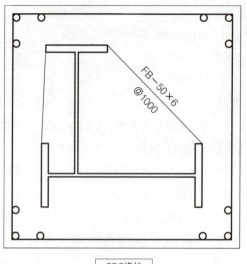

FB-50×6
@1000

SRC造柱

図2·14　SRC造の柱・梁 (BSIビル図面より)

になる（表2·9）。

　コンクリート打設時の気温による影響を考慮する「構造体強度補正」についても計上が必要なので、コンクリート打設工程表など、各部分ごとの打設時期についても確認が必要だ。

▶構造体強度補正　コンクリートの強度は、製作後4週（28日）の間の気温によって仕上りが左右される。気温の寒暖によるコンクリート強度のズレを補うために、+3または+6の加算をする。

⑤コンクリートに関する積算基準

・**コンクリート中の鉄筋や小口径管類**による体積の欠除はしない。

・**コンクリート中の鉄骨**は、鉄骨**設計重量7.85t当たり1.0m³**の体積を欠除させる（図2·14）。

・**窓、出入口等の開口部**は、建具類の**内法面積×コンクリート厚さ**による体積として差し引く。

・**建具やダクト等開口**によるコンクリートの欠除は、**1か所当たり0.5m³以下**の場合、体積の欠除はしない。

・コンクリートの計測に使用する**断面寸法は、小数点以下第3位まで**とする。

⑥型枠工事

　型枠種別には「**普通合板型枠**」「**打放合板型枠**」「**曲面型枠**」などがある。

　型枠は、使用する**型枠種別**や位置（基礎・地下・地上）によっても適用単価が変わるため、型枠種別ごとかつ階ごとの集計が必要になる。

▶型枠種別　普通合板型枠、打放合板型枠（A·B·C種）、円柱型枠、曲面型枠など、仕上がりの綺麗さや、使用箇所に沿った様々な型枠がある。

　普通合板型枠の数量は、躯体で計測した数量（全数）から、仕上で計測した打放合板型枠等を差し引きする。打放合板型枠等は、仕上にて該当範囲を計測する。

　例えば、

躯体工事　型枠全数　2560m²

仕上工事　打放合板型枠A種　152m²

　　　　　打放合板型枠B種　1250m²　とすると、

2560−152.0−1250＝1158m²になり、普通合板型枠数量は1158m²とする。

　これは、型枠種別は仕上仕様によって変化するため、躯体積算時に拾うよりも、仕上積算時に型枠種別も判断するのが効率的であるためである。

また、打放合板型枠面では、脱型後に**目違い**や**コーン**の処理を行う打放面処理を計上する。

▶**目違い** コンクリート打設時の側圧などで、型枠合板の継ぎ目がずれる事で生じる段差のこと。

▶**コーン** 型枠を組む際に使用する円錐状の物。型枠を外した際に、コーン部分が丸く穴が開くため、その部分をモルタルなどで埋める。

◻7️型枠に関する積算基準

・梁と床板、基礎梁と底盤、同一幅の柱と梁を除き、**「さきの部分」と「あとの部分」の接続部**が1か所当たり1.0m²以下の場合は、型枠の欠除は必要ない。

・**窓、出入口等の開口部**は、建具類の**内法面積**を差し引く。

・**建具やダクト等開口**による型枠の欠除は、**1か所当たり0.5m³以下**の場合、面積の欠除はしない。

・**階段の踏面および階の中間にある壁付梁の上面**と、勾配が3/10を超える斜面部分には上面型枠を計上する。

◻8️鉄筋工事

鉄筋種別には、SD295AやSD345、SD390などがあり、降伏点や引張強度などの機械的性質による区分が必要である。また、それぞれ鉄筋径による区分も必要だ。材料による区分だけでなく、躯体の構造種別（RC・SRC・壁式）などでも鉄筋加工費単価が変わるため、区分して計測・計算をする。

コンクリートや型枠は計測順序に従い接続部位間の内法長さや内法面積で数量算出ができるのに対し、鉄筋は接続する部材への定着や鉄筋長さによる継手を加算するので、計測・計算は少し複雑になる。

◻9️鉄筋に関する積算基準

・鉄筋の**所要数量**を求める場合は設計数量による重

表2・10　継手箇所数 (出典：『建築数量積算基準・同解説』平成23年版、p.106を参考に筆者作成)

部位	規則		
一般規則 　別に定める場合を除く	径13mm以下の鉄筋は、 径16mm以上の鉄筋は、	6.0mごとに 7.0mごとに	1か所 1か所
基礎梁（ラーメン構造） 　連続する基礎梁の全長にわたる主筋	基礎梁の長さが 基礎梁の長さが 基礎梁の長さが	5.0m未満 5.0m以上10.0m未満 10.0m以上	0.5か所 1か所 2か所
底盤（ラーメン構造） 　連続する底盤の全長にわたる主筋	底盤の長さが 底盤の長さが 底盤の長さが	5.0m未満 5.0m以上10.0m未満 10.0m以上	0.5か所 1か所 2か所
柱	各階ごとに		1か所
	これに、階高が　7.0m以上　の柱は、7.0mごとに　1か所　加算する		
基礎柱	主筋の長さが　3.0m以上の場合		1か所
梁（大梁、小梁） 　連続する梁の全長にわたる主筋	梁の長さが 梁の長さが 梁の長さが	5.0m未満 5.0m以上10.0m未満 10.0m以上	0.5か所 1か所 2か所
床板 　連続する床板の全長にわたる主筋	床板の長さが 床板の長さが 床板の長さが	4.5m未満 4.5m以上9.0m未満 9.0m以上13.5m未満	0.5か所 1か所 1.5か所
壁	縦筋　各階ごとに 　　　開口部腰壁、手摺壁の継手はない		1か所
	横筋　一般規則による		

量に **4%**の**割増**をする。

▶**割増** 切り無駄及び施工上やむを得ない損耗等を含む数量とするために、設計数量へ割増を行う。鉄筋だけでなく、鉄骨や木材でも割増を行う。

・基礎ベース、柱、梁、床板、壁等の先端で止まる鉄筋は、**コンクリートのかぶり厚さは考慮せず、コンクリート設計寸法による長さ**とする。これに設計図書等で指定された場合はフックの長さを加算する。ただし、**13mm 以下の鉄筋ではフックの加算は不要**とする。

▶**かぶり厚さ** コンクリート表面から最も外側にある鉄筋までの距離。構造体および部材の所要の耐久性およ

び耐火性、構造性能が得られるように、部材の種類と位置ごとに定められている。

・フープやスターラップの長さは、柱、梁、壁梁等のコンクリートの断面寸法による周長を鉄筋の長さとし、鉄筋径を問わずフックは不要とする。

・建具やダクト等開口による鉄筋の欠除は、1か所当たり 0.5m² 以下の場合、欠除はしない。ただし、建具やダクト等の開口部については、開口の大きさにかかわらず開口補強筋を計測する。

・柱のフープや梁のスターラップ、床板や壁の鉄筋など、設計図書により本数ではなく配筋ピッチが指示された場合は、配筋範囲の長さをピッチで除

表 2・11　使用材料表

部位	規格	使用箇所
コンクリート	Fc 18N/mm² スランプ 15cm	捨てコンクリート、土間コンクリート
	Fc 24N/mm² スランプ 15cm	基礎躯体
	Fc 24N/mm² スランプ 18cm	上部躯体
異形鉄筋	SD295A	D10, 13, 16
	SD345	D19, 22, 25
鉄筋継手	重ね継手	D10, 13, 16
	圧接継手	D19, 22, 25

表 2・12　鉄筋フック長さ （出典：平成 27 年度建築積算士試験 二次試験問題 実技問題 1/6）

（単位：m）

(1) 曲げ角 180° の場合	呼名に用いた数値（d）	SD295A, SD345
	10	0.11
	13	0.14
	16	0.17
	19	0.23
	22	0.27
	25	0.30
	29	0.35

表 2・13　鉄筋径の倍数長さ （出典：平成 27 年度建築積算士試験 二次試験問題 実技問題 1/6）

（単位：m）

倍数 ＼ 鉄筋の呼び径	10	13	16	19	22	25	29
10d	0.10	0.13	0.16	0.19	0.22	0.25	0.29
15d	0.15	0.20	0.24	0.29	0.33	0.38	0.44
20d	0.20	0.26	0.32	0.38	0.44	0.50	0.58
25d	0.25	0.33	0.40	0.48	0.55	0.63	0.73
30d	0.30	0.39	0.48	0.57	0.66	0.75	0.87
35d	0.35	0.46	0.56	0.67	0.77	0.88	1.02
40d	0.40	0.52	0.64	0.76	0.88	1.00	1.16
45d	0.45	0.59	0.72	0.86	0.99	1.13	1.31
50d	0.50	0.65	0.80	0.95	1.10	1.25	1.45

※ d は鉄筋の呼び径を表す。

　径の異なる鉄筋の重ね継手長さは、細い方の径による。

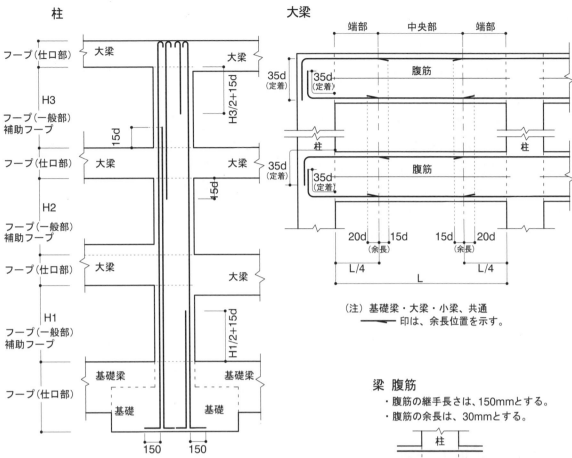

柱

フープ（仕口部）
H3
フープ（一般部）
補助フープ
フープ（仕口部）
H2
フープ（一般部）
補助フープ
フープ（仕口部）
H1
フープ（一般部）
補助フープ
フープ（仕口部）

大梁　大梁
15d　H3/2+15d
大梁　大梁
45d
大梁　大梁
基礎梁　基礎梁
H1/2+15d
基礎　基礎
150　150

（注）・最上階柱の柱頭部主筋のすべてにフックをつける。
　　　・柱に取り付く梁に段差または梁高さに差がある場合、
　　　　フープ（帯筋）の範囲は、その柱に取り付くすべての
　　　　梁を考慮して上図による。

大梁

端部　中央部　端部
35d（定着）　35d（定着）　腹筋
柱　柱
35d（定着）　腹筋
20d　15d（余長）　15d　20d（余長）
L/4　L　L/4

（注）基礎梁・大梁・小梁、共通
　　　　印は、余長位置を示す。

梁 腹筋
・腹筋の継手長さは、150mmとする。
・腹筋の余長は、30mmとする。

柱
腹筋
30

壁
・壁筋の定着長さは、縦・横とも30dとする。
　継手長さは35dとする。

床板

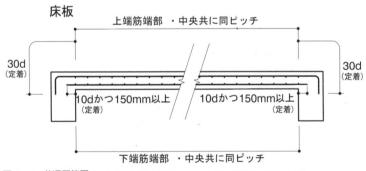

上端筋端部 ・中央共に同ピッチ
30d（定着）　30d（定着）
10dかつ150mm以上（定着）　10dかつ150mm以上（定着）
下端筋端部 ・中央共に同ピッチ

図 2・15　共通配筋図（出典：平成 27 年度建築積算士試験 二次試験問題 実技問題 2/6）

※上記の共通配筋図は今回の解説用の仕様であり、実際の業務とは異なる部分もある。例えば、最上階大梁の定着長は
　40d とされている場合も多い。しかし、近年定着長に関しては複雑な取り決めも増え、物件ごと、部位ごとに様々なパ
　ターンがある。少しの思い込みがとんでもない手戻りを発生させることもあるので、必ず確認をし、間違いのないよう
　に計測することが必要である。

し、小数点以下第1位を切り上げた整数に1加算したものを本数とする。

　　例）配筋範囲3.25m　配筋ピッチ0.2mの場合、3.25÷0.2＝16.25、切上げ処理→17、これに1を加算し、18本となる。

　　この考え方は、幾度となく出てくるので、しっかりと認識することが必要である。

・鉄筋の継手はD13以下は6.0mごと、D16以上は7.0mごとに1か所あるものとする。しかし、この他に部位ごとに決められた継手規則があり、適用条件に該当する場合はそちらを優先する（表2・10）。

⑩共通配筋図

　各設計図書では、材料仕様や標準的な配筋を示した配筋図が添付される。様々な配筋図があるため、物件ごとに確認を行わなければならない。ここで示す配筋図や材料仕様は、後の解説でも使用するので、確認しておいてほしい（表2・11、表2・12、表2・13、図2・15）。

1　基礎（独立基礎）

❶計測対象範囲

　基礎底面から柱又は基礎梁との接続面までを計測対象とする（図2・16）。

❷コンクリート

　設計寸法による体積を計測する。

❸型枠

　コンクリートの側面面積を計測する。底面については地業と接するため型枠は不要となる。また、基礎の上面が斜面の場合で、勾配が3/10を超える場合は型枠計測の対象となる。基礎と基礎梁などの接続部分の面積が1か所当たり1.0m²を超える場合は、その部分の面積の控除が必要である。

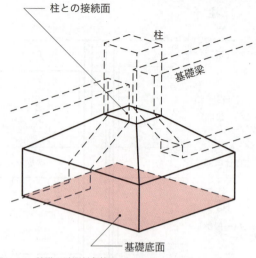

図2・16　基礎の計測対象範囲（出典：『建築数量積算基準・同解説』平成23年版、p.176）

図中ラベル：柱との接続面、柱、基礎梁、基礎底面

❹鉄筋

　基礎リスト等で記載された鉄筋が計測対象となり、コンクリートの設計寸法を鉄筋の長さとする。また、設計図書等で指定された場合はフックの長さを加えるが、**径13mm以下の鉄筋についてのフックはない**ものとする。

❺事例解説

　解説対象の基礎はY1－X1の［基礎F₁］1か所とする（図2・17）。

①コンクリート

　基本的な計算式は、

基礎幅×基礎長さ×基礎高さ

となる。

　基礎リストでF₁を確認すると基礎のX方向Y方向共に1.8m、基礎高さ0.9mなので、そのまま計算書へ記入する。（表2・14①参照）

　また、F₁基礎は杭基礎となっており、φ450のPHC杭が基礎に対し100の埋込があるが、この部分の体積の控除を考慮する必要はない。

②型枠

　基本的な計算式は、

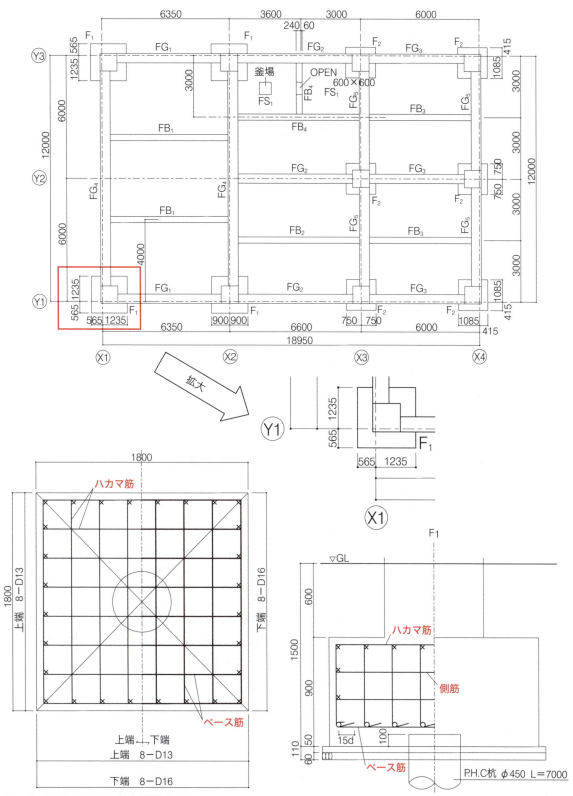

図 2・17　基礎案内図（基礎伏図・基礎配筋図）（BSI ビル図面より）

表 2・14　基礎の計算書

名称	コンクリート					型枠				鉄筋						
	寸法			か所	体積	寸法		か所	面積	形状	径	長さ	本数	か所	D13	D16
F1	①					②				③		1.8+0.17×2				
Y1−X1	1.80	1.80	0.90	1	2.92	● 7.20	0.90	1	6.48	ベース筋	16	● 2.14	8×2	1		34.24
						1.8×4面＝7.2				④		1.8+0.9×2+0.2×2				
										ハカマ筋	13	● 4.00	8×2	1	64.00	
										⑤		1.8×4+0.52				
										側筋	13	● 7.72	2	1	15.44	
					2.92				6.48						79.44	34.24

（基礎幅＋基礎長さ）×２×基礎高さ

となる。

　基礎側面の面積を計測する。計算書では 7.2（4 周側面長さ）×0.9×1 としているが、1 面当たりの 1.8×0.9×4（面）×1 としても構わない。（表 2・14 ②参照）

　また、この基礎には基礎梁 FG₁ と FG₄ が接続しているが、接続面積が $1.0\mathrm{m}^2$ を超えるかどうかの確認を行う。

FG₁ 接続面積は $0.45×0.75 ＝ 0.34 < 1.0\mathrm{m}^2$

FG₄ 接続面積は $0.5×0.75 ＝ 0.38 < 1.0\mathrm{m}^2$

となり、どちらも $1.0\mathrm{m}^2$ を超えないので控除の必要はない。

③鉄筋

　鉄筋の計測は、原則としてコンクリート寸法を使用する。基本的な考え方は次に示すが、具体的な計算式は計算書を確認してほしい。

⑴ベース筋

　まずは、ベース筋から計測する。

　基本的な計算式は、

基礎幅＋ 180° フック×2

となる。（表 2・14 ③参照）

　ベース筋長さはコンクリート寸法の 1.8m となるが、鉄筋径が D16 なので、180° フックが両端に必要

と考え、加算する。

　本数は、基礎リストにより、X・Y 方向共に D16 が 8 本ずつ入っている。

　計算書では、X・Y 方向をまとめて計測しているが、行を分けて記入しても良い。

⑵ハカマ筋

　ハカマ筋は基礎の上から C の字形に配筋されるが、端部には 15d の折り曲げが必要になり、基本的な計算式は、

基礎幅＋基礎高×2＋折り曲げ 15d ×2

となる。（表 2・14 ④参照）

　本数は、基礎リストにより、X・Y 方向共に D13 が 8 本ずつ入っている。

⑶側筋

　側筋は、基礎の周囲を囲う形で配筋される。

　基本的な計算式は、

（基礎幅＋基礎長）×2

となる。

　ただし、鉄筋長は 1.8m×4 で基礎周長の 7.2m となり、D13 以下の継手規則の 6m を超えるため、継手を 1 か所加算する。（表 2・14 ⑤参照）

　本数は基礎リストにより D13 が 2 本となる。

　ハカマ筋の鉄筋径は一般的にハカマ筋と同径とな

ることが多いが、設計図書で判断ができない場合は確認が必要となる。

　基礎は設計図書によって、多角形や上部が斜面のものなど、様々な形状や配筋がある。しっかりと基礎リストを読み解き、必要な部分の寸法を計測することが重要である。

2　柱

■1 計測対象範囲

　基礎上面から屋上床板上面までの部分を、下部から**基礎柱・各階柱・最上階柱**で区分して計測する。

　区分する位置は、基礎柱は基礎上面から基礎梁上面まで、各階柱は各階床板上面間とする。ただし、各階柱のうち最下階（1階）柱は基礎梁上面から直上階床板上面とする。最上階柱は、最上階床板上面から屋上床板上面までとする（図2・18）。

■2 コンクリート

　設計寸法による断面積とその長さによる体積を計測する。

■3 型枠

　コンクリート設計寸法による側面面積を計測する。

　また、柱と梁の接続面および柱と壁の接続面が1か所当たり 1.0m² を超える場合は控除が必要となる。柱と梁が同一幅の場合は、接続面積にかかわらず必ず控除が必要となる。

■4 鉄筋

　主筋・フープ筋・ダイヤフープ筋等が計測対象となる。

▶ **フープ筋**　帯筋とも言う。柱の主筋の外側に配置し、主筋が圧縮力によって座屈することを防ぐ。コンクリートと共にせん断力に抵抗する。

▶ **ダイヤフープ**　主筋のねじれを防ぐ補強筋。

　鉄筋長はコンクリートで計測した寸法を用いて計測する。フープ筋のフックは径にかかわらず計測の対象としない。

　継手に関しては、各階柱の全長にわたる主筋は各階1か所の継手があるものと考える。ただし基礎階柱については、基礎階柱部分の主筋長さが 3.0m 未満の場合、継手は不要となる。フープ筋は**仕口部**と**一般部**で、配筋ピッチが変わる場合が多いので、区分して計測を行う。

▶ **仕口部**　柱と梁の接合部分を言う。鉄筋コンクリート造では、柱と大梁の鉄筋が密に交錯することとなり、コン

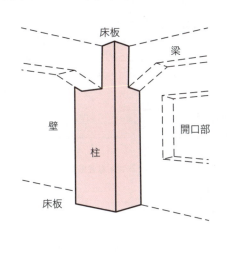
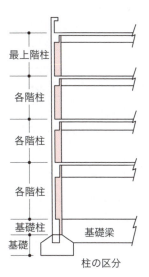

図2・18　柱の計測対象範囲（出典：『建築数量積算基準・同解説』平成23年版、p.184）

クリートの充填不良が起きやすいため、フープ筋の配筋ピッチを粗くしたり、大梁の定着鉄筋を短くするために専用の金物を使用したりする場合もある。

5 事例解説

1階　Y1－X3のC₃を解説する（図2・19～図2・24）。

① コンクリート

基本的な計算式は、

X方向柱断面 × Y方向柱断面 × 柱長さ

となる。

柱長さは基礎梁上面から2階床板上面（2G天）までの高さとする。

1階柱脚部の位置は、Y1通り軸組図、X3通り軸組図から、GL－0.15が基礎梁上面であることがわかる。

次に、2階梁伏図を確認すると、計測中の1階柱には床板レベルが2G天±0のものと2G天－0.17mの2種類が接続していることがわかる。こういった場合は高い方の床板レベルを採用すれば良く、1階柱頭部は2G天±0とする。

ここまでの情報をまとめ、1階柱高さを計算すると、

0.15（基礎梁上面からGLまで）＋3.60（GLから2G天まで）＝3.75m　となり、

1階柱コンクリート　$0.85 \times 0.85 \times 3.75 = 2.71\text{m}^3$

となる。（表2・15①参照）

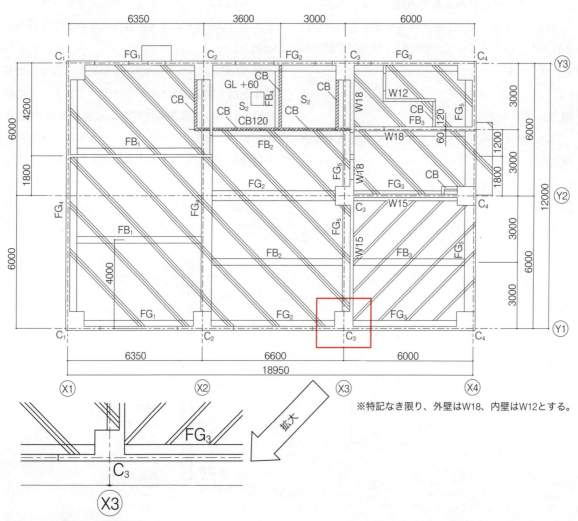

図2・19　柱案内図（1階梁伏図）（BSIビル図面より）

※特記なき限り、外壁はW18、内壁はW12とする。

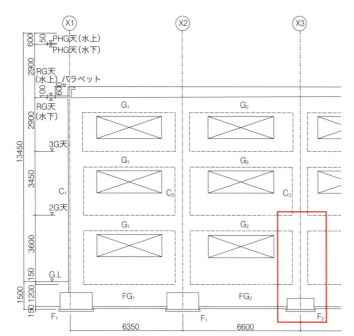

図 2·20　柱案内図（Y1 通り軸組図）(BSI ビル図面より)

図 2·21　柱案内図（X3 通り軸組図）(BSI ビル図面より)

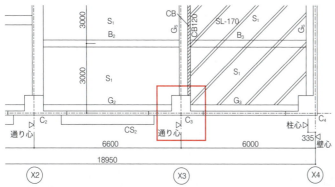

図 2·22　柱案内図（2 階梁伏図）(BSI ビル図面より)

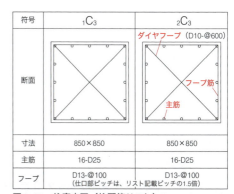

図 2·23　柱案内図（柱配筋リスト）(BSI ビル図面より)

符号	₁C₃	₂C₃
断面		
寸法	850×850	850×850
主筋	16-D25	16-D25
フープ	D13-@100	D13-@100 (仕口部ピッチは、リスト記載ピッチの1.5倍)

符号	₂G₂		₂G₃		₂G₅	
位置	両端	中央	両端	中央	両端	中央
断面						
寸法	450×850		450×850		500×850	
上端筋	5-D25	3-D25	5-D25	3-D25	5-D25	3-D25
上端筋	4-D25	3-D25	4-D25	3-D25	4-D25	4-D25
スターラップ	D13-@200		D13-@100		D13-@150	

図 2·24　柱案内図（梁配筋リスト）(BSI ビル図面より)

表2·15 基礎の計算書

名称	コンクリート 寸法			か所	体積	型枠 寸法		か所	面積	鉄筋 形状	径	長さ	本数	か所	D13	D16	D25	圧25-25
1階C3	①					②				③								
Y1−X3	0.85	0.85	3.75	1	2.71	3.40	3.75	1	12.75	主筋	25	3.75	16	1			60.00	
	0.15＋3.60＝3.75					0.85×4＝3.40				④								
										継手	圧25	1.00	16	1				16.00
										⑤								
										フープ筋（一般）	13	3.40	30	1		102.00		
										⑥								
										フープ筋（仕口）	13	3.40	6	1		20.40		
										⑦								
										ダイヤフープ	10	2.40	6	1	14.40			
				2.71				12.75							14.40	122.40	60.00	16.00

(③ フープ筋一般 本数) （階高−仕口成）÷0.1＝（3.75−0.85）÷0.1＝29.0 → 29＋1＝30

(⑥ フープ筋仕口 本数) 仕口成÷0.15＝0.85÷0.15＝5.67 → 6

(⑦ ダイヤフープ 長さ) 0.85×√2×2（クロス）

(⑦ ダイヤフープ 本数) （階高−仕口成）÷0.6＝（3.75−0.85）÷0.6＝4.8 → 5＋1＝6

②型枠

基本的な計算式は、

（柱断面X方向＋柱断面Y方向）×2×柱長さ

となる。

柱長さは、コンクリート計測時の高さをそのまま使用できる。

よって、1階柱型枠 **0.85 × 4 × 3.75 ＝ 12.75m²** となる。（表2·15②参照）

次に、型枠の控除が必要かどうか、柱と梁の接続面積の確認を行わなければならない。

接続する梁は$2G_2$・$2G_3$・$2G_5$であり、この中で最大のものは$2G_5$なので、$2G_5$の数値で確認を行う。

$2G_5$断面寸法から、**0.5 × 0.85 ＝ 0.43m²**となり、接続面積は1m²を超えないので、$2G_2$・$2G_3$・$2G_5$との接続面型枠の控除は不要ということがわかる。

柱と壁の接続面積に関しても同様に確認を行う。

この柱に接続する壁の最大厚は0.18mで、接続面積1.0m²を超えるには、1.0m²÷0.18mから5.55m超の柱高さが必要になることがわかり、今回計測している柱（3.75m）では、接続面積の控除は不要ということがわかる。

③鉄筋

⑴主筋

主筋の基本的な計算式は、

柱長さ（必要であれば定着・余長等を加算）

となる。

柱主筋は上下階の柱主筋状況による影響が大きいので、先に2階柱リストも確認しておく。

C_3の主筋はD25で、1階と2階で同径同本数なので、1階柱主筋はそのまま2階へつながることになり、定着・余長は不要となる。

結果、主筋長はコンクリート高さとなる。（表2·15③参照）

本数についても、1階柱リストの16本をそのまま計測する。

次に、柱継手規則により各階1か所の継手を計測するが、一般的に柱の主筋でD19以上はガス圧接継手となるので、箇所数を計測する。

継手の仕様については設計図書で指示されるので、必ず確認が必要である。

主筋の16本すべてが1階柱の全長にわたるので、継手が必要な箇所数も主筋本数の16か所となる。

（表2・15④参照）

⑵フープ筋

フープ筋長の基本的な計算式は、

柱断面周長

となる。

フープ筋は、一般部と仕口部で配筋や配筋ピッチが変わる場合が多いため、区分をして計測する。

柱と梁の接続高さ部分を**仕口部**とし、それ以外の部分を**一般部**とする。

接続する2G$_2$・2G$_3$・2G$_5$の梁成は全て0.85mなので、柱高さ3.75mのうち0.85mを仕口部、残り2.9mを一般部とする。

まずは一般部のフープ筋を計測する。フープ筋長さは**コンクリート断面寸法による周長**とし、**サブフープ**があれば加算するが今回の場合は不要である。

▶**サブフープ** 中子筋とも言う。フープに対して平行に配置し、柱のせん断抵抗力を補強する。

本数は、一般部柱高さを配筋範囲とし、2.9mを柱リストによるピッチ0.1mで除し、鉄筋割付規則に則って求める。

2.9÷0.1＝29.00（小数点以下が0のため切上げ不要）→29 ＋1で30本 となる。（表2・15⑤参照）

次に仕口部のフープ筋だが、フープ筋長さの考え方は一般部と同じである。

本数は少し特殊な考え方となる。

仕口部柱高さ0.85mを配筋範囲としてピッチ割りするが、一般部フープ計測時に鉄筋割付規則に則り＋1まで計測しているため、仕口部フープ計測時には、ピッチ割りした本数の小数第一位を切り上げるところまでとする。

0.85÷0.15＝5.67 切上げ→6 ＋1はせずに6本のままとなる。

これは、ピッチが変わるため区分して拾ったが、1階柱としてはあくまでもひとつの柱なので、＋1は一般部と仕口部あわせて一度しか加算しないということにしている。（表2・15⑥参照）

⑶ダイヤフープ

ダイヤフープは柱断面の対角線上に入るので、鉄筋長さも対角線長さを求める。

基本的な計算式は、

柱断面対角長×2

となる。

ここで注意が必要なのは、X形状で入るので、対角線長さを求めた際に×2をしておくことである。これを忘れると、半分の長さしか計測していないことになる。

0.85×$\sqrt{2}$×2＝2.40m （表2・15⑦参照）

次に本数だが、ダイヤフープは一般部のみに入るので、配筋範囲となる一般部高さ2.9mをピッチで除し、鉄筋割付規則に則って求める。

2.9÷0.6＝4.83 切上げ→5 ＋1で6本

柱は垂直部分高さや水平接続部位の情報など、多くの図面を確認しながら進める必要がある。

さらには上下階の配筋状況によって拾い方も変わるため、初めは難しく感じるかもしれないが、ひとつひとつは単純な計測なので、コツコツ確実に計測するようにしてほしい。

3 大梁

■計測対象範囲

柱に接する横架材の内法部分を計測する。片持梁もこれに準じる（図2・25）。

❷コンクリート

梁リストによる断面積と柱間内法長さによる体積を計測する。

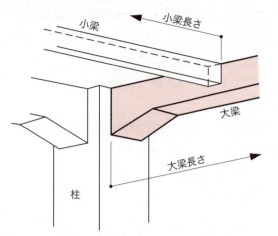

図2·25 大梁の計測対象範囲 （出典：『建築数量積算基準・同解説』平成23年版、p.186)

③型枠

梁の両側面および底面の面積と柱間内法長さによる面積を計測する。

ただし、梁と壁との接続部分の面積が 1.0m² を超える場合は控除が必要となる。また、梁と床板の接続部は接続面積にかかわらず控除が必要である。

④鉄筋

主筋・スターラップ・腹筋・幅止筋等が計測対象となる。

▶ **スターラップ**　肋筋とも言う。梁の主筋の外側に配置し、主筋が圧縮力によって座屈することを防ぐ。コンクリートと共にせん断力に抵抗する。柱フープ筋と同じ役割。

▶ **腹筋**　一般的に梁成が 600mm 以上の場合に、上端主筋と下端主筋の中間部分に配置される。スターラップ筋の変形やはらみ止めの役割。

▶ **幅止筋**　鉄筋同士の間隔が正確に保てるように配置する補助鉄筋。

主筋の継手箇所数の数え方は、単独梁の場合と連続梁の場合で変わるので注意が必要だ。単独梁か連続梁かの判断は、主筋径や隣接する梁との水平方向・垂直方向のずれ等から判断をする。

梁では「**中央筋**」や「**端部筋**」と呼ぶ鉄筋がある

が、これは梁全長の 1/2 を「中央部」とし、左右それぞれ 1/4 を「端部」として扱う。

端部　　　　中央　　　　端部

梁長＝ L×1/4 ＋ L×1/2 ＋ L×1/4

また、定着長や余長は共通配筋図等で指示されるので、必ず確認を行う。近年は様々なパターンがあるので、毎回確認を行う必要がある。

今回の解説では、「定着長 35d」「端部筋余長 15d」「中央筋余長 20d」として計測を行う（図2·15)。

⑤事例解説

2階の X1 − Y1 〜 3 間の $2G_4$ を解説する（図2·26〜図2·28)。

①コンクリート

基本的な計算式は、

梁幅×梁成×柱間内法長

となる。

梁幅および梁成寸法は梁リストからそのまま記載する。

梁長は、接する柱 C_1 間の内法長さとするが、Y1〜Y3 の通り寸法 12000 が柱芯寸法ではなく壁芯寸法であることに注意し、内法長さを計測する。

12.00 − 0.335 × 2 = 11.33m（柱芯間長）

柱芯間長−接続柱幅＝ 11.33 − 0.425 × 2 = 10.48（柱間内法長）となる。（表2·16①参照）

また、2階大梁の拾いをする際に参照する柱リストは、「1階」柱リストになることに注意してほしい。

柱は「1階」、梁は「2階」となり、混乱する恐れがあるが、1階の柱は2階の床上面まで計測していることを思い出せば、理解しやすいかと思う。

②型枠

基本的な計算式は、

（梁幅＋梁成× 2)×柱間内法長

となる。

上記計算式でも型枠は梁両側面の面積と梁底面の面積となるが、この梁は片側に床板 S_1 が接続するの

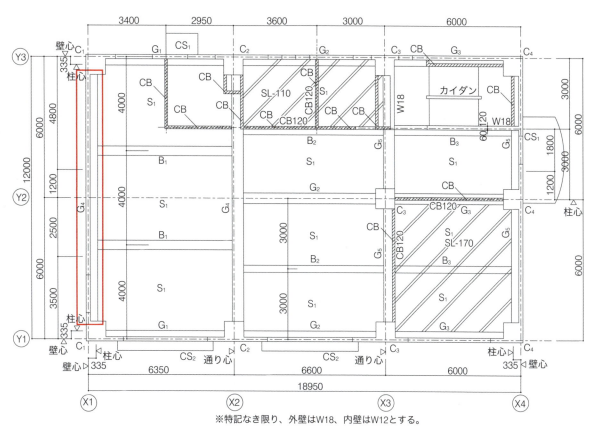

図2·26 大梁案内図（2階梁伏図）（BSIビル図面より）

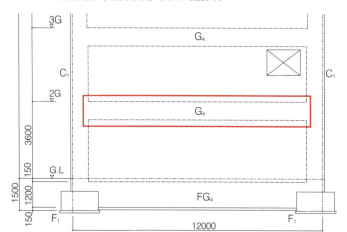

₂G₄は12mスパンに対応したプレストレストコンクリート梁であるが、部材リストでのPC鋼材の表記はしていない。またPC鋼材についての解説も割愛している。

図2·27 大梁案内図（X1通り軸組図）（BSIビル図面より）

符号	₂G₄	
位置	両端	中央
断面		
寸法	500×850	
上端筋	6-D25	4-D25
下端筋	4-D25	6-D25
スターラップ	D13-@200	

符号	₁C₁
断面	
寸法	850×850
主筋	12-D25
フープ	D13-@100

記号	S₁
厚	150

図2·28 大梁案内図（配筋リスト）（BSIビル図面より）

表 2·16　大梁の計算書 1

名称	コンクリート 寸法		か所	体積	型枠 寸法		か所	面積	鉄筋 形状	径	長さ	本数	か所	D13	D16	D25	圧25−25
単独梁																	
2G4	①				②				③								
X1−Y1〜3	0.50	0.85	10.48	1	4.45	1.87	10.48	1	19.60	上端主筋	25	12.24	4	1			48.96	

10.48＋0.88×2

梁底とW18との接続面積が1m²を超えるため、壁厚分を減じていることに注意。
接続床板厚さは、数量の多寡にかかわらず減ずる。

| | | | | | | | | | ④ 継手 | 圧25 | 1.00 | 4 | 1 | | | | 4.00 |

単独梁D25なので、7mを超える鉄筋1本につき継手1か所を計上する。

| | | | | | | | | | ⑤ 上端外端部筋 | 25 | 3.88 | 2×2 | 1 | | | 15.52 | |

10.48×1/4＋0.88＋0.38＝3.88

									⑥ 下端主筋	25	12.24	4	1			48.96	
									継手	圧25	1.00	4	1				4.00
									⑦ 下端中央筋	25	6.24	2	1			12.48	

10.48×1/2＋0.50×2＝6.24

| | | | | 4.45 | | | | 19.60 | | | | | | | | 125.92 | 8.00 |

表 2·17　大梁の計算書 2

名称	コンクリート 寸法		か所	体積	型枠 寸法		か所	面積	鉄筋 形状	径	長さ	本数	か所	D13	D16	D25	圧25−25
									⑧ スターラップ	13	2.70	54	1		145.80		

(0.5＋0.85)×2＝2.7

10.48÷0.2＝52.4 → 53＋1＝54

10.48＋0.03×2＋0.15＝10.69

| | | | | | | | | | ⑨ 腹筋 | 13 | 10.69 | 2 | 1 | | 21.38 | | |
| | | | | | | | | | ⑩ 幅止筋 | 10 | 0.50 | 12 | 1 | 6.00 | | | |

10.48÷1.0＝10.48 → 11＋1＝12

| | | | | | | | | | | | | | | 6.00 | 167.18 | | |

で、接続面積にかかわらず、床板の厚さ分の控除が必要となる。

また、$2G_4$ の下部には壁 W18 が接続しており、壁厚 0.18m × 梁長 10.48m ＝ 1.89m² ＞ 1.0m² となることから、壁厚分の型枠面積も控除が必要となる。

これらを考慮すると、

（梁幅＋梁成×2－S_1厚さ－W18壁厚）×コンクリート長　となり、

1.87 × 10.48 ＝ 19.60m²　となる。（表2・16②参照）

③鉄筋

まずは主筋を計測するが、まずはひとつの梁に、どのように主筋が配筋されるかを確認する。

梁リストを読み解くと、

「梁全長にわたる」上端主筋が 4 本

「端部のみ」に入る上端外端部筋が両端それぞれ 2 本ずつ

「梁全長にわたる」下端主筋が 4 本

「中央のみ」に入る下端中央筋が 2 本

ということがわかる。

配筋略図を参照してほしい（図2・29）。

⑴上端主筋

まずは梁全長にわたる上端主筋から計測する。

上端主筋の長さは、梁コンクリート長に両側柱への定着長を加算した長さになり、基本的な計算式は、

コンクリート長＋柱への定着長（35d）× 2

となる。（表2・16③参照）

この場合、鉄筋長が 12.24m になるので、継手規則により 7.0m ごとに 1 か所の継手加算が必要だが、鉄筋径が D25 なので、重ね継手ではなくガス圧接継

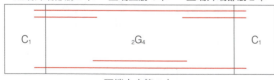

図2・29　大梁配筋略図

の計上が必要になる。

ガス圧接継手の場合は、鉄筋長の加算は不要なので、上端主筋長は 12.24m のままで良い。

ガス圧接継手は、主筋の本数分を、鉄筋径ごとに「か所」で計上する。

ガス圧接継手（か所）＝必要鉄筋本数

（表2・16④参照）

⑵上端外端部筋

次に上端外端部筋を計測する。

上端外端部筋の長さは図2・15により、

梁コンクリート長× 1/4 ＋柱への定着長（35d）＋端部筋余長（15d）

となる。（表2・16⑤参照）

鉄筋本数については、図2・29でもわかるように、外端部筋は両端部に必要なので、本数は 2 本 ×2 となる。

⑶下端主筋

次に下端主筋を計測する。

下端主筋の考え方は上端主筋と同じになる。

コンクリート長＋柱への定着長（35d）× 2

となる。（表2・16⑥参照）

継手も同様に 7.0m ごとに 1 か所のガス圧接継手を計測する。

⑷下端中央筋

次に下端中央筋を計測する。

下端中央筋長さは図2・15により

梁コンクリート長× 1/2 ＋中央筋余長（20d）×2

となる。

本数は配筋略図でもわかるように 2 本となる。

（表2・16⑦参照）

これで各主筋は計測できた。

⑸スターラップ筋

スターラップ筋を計測する。

スターラップ筋長の基本的な計算式は、

（梁幅＋梁成）× 2

となる。（表2・17⑧参照）

サブスターラップがあればさらに加算するが、今回の場合は不要である。

▶サブスターラップ　中子筋とも言う。スターラップに対して平行に配置し、梁のせん断抵抗力を補強する。

本数については、配筋範囲となる梁コンクリート長を0.2mで除し、鉄筋割付規則に則って求める。

10.48 ÷ 0.2 ＝ 52.4　切上げ→53　＋1で、54本

⑥腹筋

次に腹筋を計測する。

腹筋余長は、図2・15で指示されている。

梁コンクリート長＋腹筋余長（0.03m）× 2

となる。（表2・17⑨参照）

また、梁長＋余長×2＝10.54mになり、D10の継手規則により6.0mごとに1か所の継手が必要になるので、重ね継手1か所を加算するが、腹筋の継手長さは図2・15により0.15mとなることに注意を要する。

本数は梁リストにより2本となる。

⑦幅止筋

最後に幅止筋を計測する。

幅止筋長＝梁幅

となる。（表2・17⑩参照）

本数は、配筋範囲となる梁コンクリート長を1.0mで除し、鉄筋割付規則に則って求める。

幅止筋は腹筋1段ごとに配筋されるため、仮に腹筋が2段・3段あった場合、幅止筋も ×2、×3が必要となることに注意が必要だ。

梁の鉄筋は、「全長にわたる」や「端部のみ」など、梁リストによって様々な配筋がされる。初めは梁リストの文字表現だけではイメージがし難いので、今回計算書に記載した配筋略図のように、メモ程度で良いので配筋図を書くことが重要となる。

4　床板

■計測対象範囲

柱・梁等に接する水平材の内法部分を計測する（図2・30）。

■コンクリート

設計寸法による板厚と梁等に接する内法面積による体積を計測する。

柱との取合い部分の欠除はないものとし、床点検口などの開口による欠除は開口1か所当たり0.5m²以下の場合はないものとする。

これは開口1か所当たりで考えるため、1枚の床板に0.5m²以下の開口が複数ある場合でも開口はないものとする。

■型枠

コンクリート底面の面積を計測する。

コンクリート同様に柱との取合い部分の欠除はないものとし、仮に床板に**ハンチ**がある場合でも、型枠の伸びはないものとする。

梁の水平ハンチによる欠除もないものとし、開口による考えはコンクリートと同様である。

▶ハンチ　梁や床板の端部の断面を中央部よりも大きく

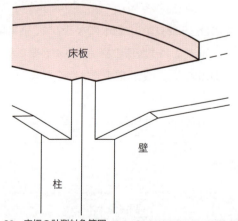

図2・30　床板の計測対象範囲（出典：『建築数量積算基準・同解説』平成23年版、p.188）

した部分。梁では、高さ方向を大きくする垂直ハンチと、梁幅方向に大きくする水平ハンチがある。

❹鉄筋

短辺方向主筋・長辺方向主筋が計測対象となり、コンクリートの計測寸法に、大梁・小梁等への定着長さおよび必要継手長さを加える。

0.5m²以下の開口がある場合、コンクリート・型枠と同様に開口による控除はないものとするが、開口補強筋の計上は必要になる。

また、継手箇所数の数え方は、単独床板の場合と連続床板の場合で変わるため、計測の際には注意を要する。

単独床板か連続床板かの判断は、隣接する床板の主筋径や配筋ピッチ、床板の上面レベルのズレ等から判断する。ここでは、単独床板として解説を行う。

「上端筋定着長さ30d」「下端筋定着長さ10dかつ150mm以上」「重ね継手長さ35d」として計測を行う（図2・15）。

❺事例解説

2階梁伏図Y2〜3－X2〜3間の床板上面レベルSL－110となっている床板S₁を解説する（図2・31、2・32）。

①コンクリート

基本的な計算式は、

X方向長さ×Y方向長さ×床板厚

となる。

この床板は、3方を大梁に、1方を小梁に囲われている。

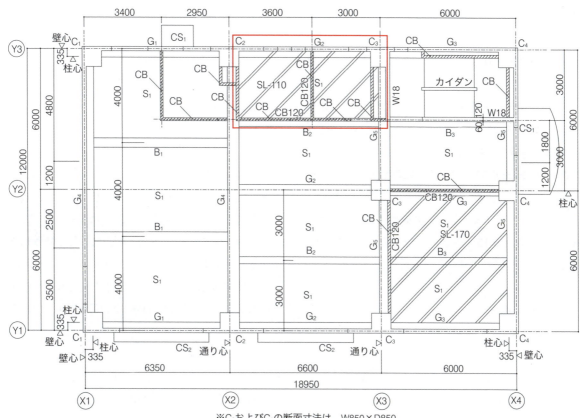

※C₂およびC₃の断面寸法は、W850×D850
※特記なき限り、外壁はW18、内壁はW12とする。

図2・31　床板案内図（2階梁伏図）（BSIビル図面より）

符号	$_2G_2$		$_2G_4$		$_2G_5$		B_2		
位置	両端	中央	両端	中央	両端	中央	外端	中央	内端
断面	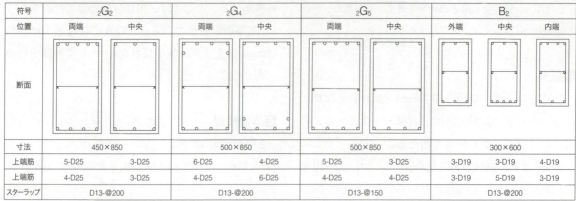								
寸法	450×850		500×850		500×850		300×600		
上端筋	5-D25	3-D25	6-D25	4-D25	5-D25	3-D25	3-D19	3-D19	4-D19
上端筋	4-D25	3-D25	4-D25	6-D25	4-D25	4-D25	3-D19	5-D19	3-D19
スターラップ	D13-@200		D13-@200		D13-@150		D13-@200		

※$_2G_4$は12mスパンに対応したプレストレストコンクリート梁であるが、部材リストでのPC鋼材の表記はしていない。

記号	厚		短辺		長辺		備考
			端部	中央部	端部	中央部	
S_1	150	上	D10D13交互@200	—	D10D13交互@200	—	モチアミ
		下	D10D13交互@200	—	D10D13交互@200	—	

図 2・32　床板案内図（配筋リスト）(BSI ビル図面より)

まずは、X 方向の梁間内法寸法を計測するが、X2 および X3 通りは共に柱芯ではあるが、大梁 G_4・G_5 が柱芯からずれていることに注意し、内法長さを計測する。

6.60 − 0.425 + 0.425 − 0.5 = 6.10m（X 方向梁間内法長）

次に Y 方向の梁間内法寸法を計測するが、CB120 芯から Y3 通りまでが 3.00m であること、G_2 は柱の外側面に接続していることに注意する。

3.00 − 0.06 + 0.09 − 0.45 = 2.58m（Y 方向梁間内法長）

床板厚は床板リストを確認すると厚 150 なので、

6.10 × 2.58 × 0.15 = 2.36m³　となる。（表2・18①参照）

②型枠

基本的な計算式は、

X 方向長さ×Y 方向長さ

となる。

型枠で使用する寸法はコンクリートで計測した寸法をそのまま用いる。

6.10 × 2.58 = 15.74m²　（表2・18 ②参照）

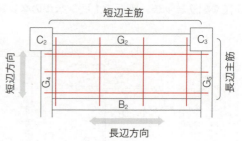

図 2・33　床板配筋略図

③鉄筋

床板の配筋は、「短辺鉄筋・長辺鉄筋」や「主筋・配力筋」など、文字表現が設計図書によって変わる場合がある。今回の場合、「短辺・長辺」となっており、わかりやすいが、「主筋・配力筋」と記載された場合は、伏図上で主筋方向がどの方向なのかを確認する必要がある。伏図上で矢印等で主筋方向を示す場合もあるが、一般的には床板の短辺方向を主筋方向とする。

今回解説する部分では、Y 方向が短辺（主筋）方向、X 方向が長辺（配力筋）方向となる。配筋略図も参照してほしい（図2・33）。

⑴短辺上端主筋

まずは短辺上端主筋を計測する。

表 2・18　床板の計算書

名称	コンクリート					型枠				鉄筋						
	寸法			か所	体積	寸法		か所	面積	形状	径	長さ	本数	か所	D10	D13
2S1	①					②						2.58＋0.3×2＝3.18				
Y2~3－X2~3	6.10	2.58	0.15	1	2.36	6.10	2.58	1	15.74	③短辺上端	10	3.18	16	1	50.88	
										④	13	3.36	16	1		53.76
												2.58＋0.39×2＝3.36				
												2.58＋0.15×2＝2.88				
										⑤短辺下端	10	2.88	16	1	46.08	
										⑥	13	2.88	16	1		46.08
												2.58＋0.15×2＝2.88				
												6.1＋0.3×2＋0.35＝7.05				
										⑦長辺上端	10	7.05	7	1	49.35	
										⑧	13	7.34	7	1		51.38
												6.1＋0.39×2＋0.46＝7.34				
												6.1＋0.15×2＋0.35＝6.75				
										⑨長辺下端	10	6.75	7	1	47.25	
										⑩	13	6.86	7	1		48.02
												6.1＋0.15×2＋0.46＝6.86				
					2.36				15.74						193.56	199.24

基本的な計算式は、

梁間内法長さ＋梁への定着長（30d）× 2

となる。

　床板リストを確認すると、D10 と D13 が交互に＠200 で配筋されることがわかる。この場合、D10 と D13 は鉄筋長が異なるので別々に計測を行う。

　鉄筋径により変わる数値は「定着長」と「継手長」だけなので、基準となる長さはどちらも同じであり、コンクリートで計測した Y 方向梁間内法長さに、それぞれ鉄筋径に応じた定着長さを加算すれば良い。

D10　2.58 ＋ 0.3 × 2 ＝ 3.18　（表 2・18 ③参照）

D13　2.58 ＋ 0.39 × 2 ＝ 3.36　（表 2・18 ④参照）

　どちらも鉄筋 1 本当たりの長さが 6m を超えないので、継手長の加算は必要ない。

　次に本数を計測するが、配筋範囲となる長辺方向コンクリート長さをピッチで除し、鉄筋割付規則に則って求めた本数を D10 と D13 で分配する。

6.10 ÷ 0.2 ＝ 30.5　切上げ→ 31　＋ 1 で 32 本

32 本を等分し、D10・D13 共に 16 本ずつとなる。

　仮に、本数が奇数になり等分できない場合は、太い方の鉄筋が多くなるように分配する。

⑵短辺下端主筋

　次に短辺下端主筋を計測する。

　基本的な計算式は、

梁間内法長さ＋梁への定着長（10d かつ 150mm 以上）× 2

となる。

　床板リストを確認すると短辺上端主筋と同様の配筋がされていることがわかる。

　短辺上端筋同様に、鉄筋径ごとに計測を行う。

　定着長さの「10d かつ 150mm 以上」とは、

D10 の場合、0.1 と 0.15 の長い方、

D13 の場合、0.13 と 0.15 の長い方となり、どちらも定着長は 0.15 となる。

　仮に D16 であれば、0.16 と 0.15 の長い方で、定着長は 10d の 0.16 となる。

鉄筋本数についても、短辺上端筋と同じ考えで良い。それぞれ計算書を確認しておいてほしい。（表2・18⑤⑥参照）

(3)長辺上端筋

次に長辺上端筋を計測する。

基本的な計算式は、短辺と同様で、

梁間内法長さ＋梁への定着長（30d）×2 となる。

床板リストを確認すると、D10 と D13 が交互に＠200 で配筋されることがわかり、短辺鉄筋と同様の考え方で計測を行う。

コンクリートで計測した X 方向梁間内法長さに、それぞれ鉄筋径に応じた定着長さを加算すると、

D10　6.10 ＋ 0.3 × 2 ＝ 6.70

D13　6.10 ＋ 0.39 × 2 ＝ 6.88　　となる。

ただし、短辺鉄筋とは異なり、どちらも鉄筋1本当たりの長さが 6.0m を超えるため、鉄筋継手規則により、重ね継手長（35d）を加算する。

D10　6.70 ＋ 0.35 ＝ 7.05　（表2・18⑦参照）

D13　6.88 ＋ 0.46 ＝ 7.34　（表2・18⑧参照）

鉄筋本数についても、短辺鉄筋と同様の考え方で計測できる。

配筋範囲となる短辺方向コンクリート長さをピッチで除し、鉄筋割付規則に則って求めた本数を D10 と D13 で分配する。

2.58 ÷ 0.2 ＝ 12.9　切上げ→13　＋1で14本

14本を等分し、D10・D13 共に7本ずつとなる。

(4)長辺下端主筋

長辺下端筋についても、定着長が変わることを除けば長辺上端主筋と同様なので、計算書を確認しておいてほしい。（表2・18⑨⑩参照）

床板を拾う際のコツとして、小梁を拾う段階で、小梁のコンクリート長を図面に書き込んでおく。そうすれば、床板を拾う時点では、小梁が入っている部分では、必要な床板寸法の一部が記入された状態になっており、計測時間の短縮が図れる。

5　壁

■1 計測対象範囲

柱・梁・床板等に接する垂直材の内法部分とする（図2・34）。

■2 コンクリート

設計寸法による壁厚と柱や梁・床板等に接する内法面積による体積を計測する。

梁や床板にハンチが付いている場合の壁の欠除はないものとし、建具等の開口による欠除は開口1か所当たり 0.5m² 以下の場合はないものとする。

これは開口1か所当たりで考えるため、1枚の壁に 0.5m² 以下の開口が複数ある場合でも開口はないものと考える。

■3 型枠

コンクリート両側面面積を計測する。

建具等の開口による考え方はコンクリートと同様となる。

建具等の開口が 0.5m² を超える場合でも、開口による開口小口の型枠は計測対象としない。

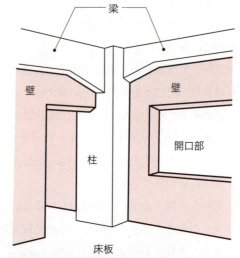

図2・34　壁の計測対象範囲（出典：『建築数量積算基準・同解説』平成23年版、p.192）

また他の壁や床板との接続部分が$1.0m^2$を超える場合は、「さきの部分」から控除する。ただし、階段の段スラブとの接続部分は、接続面積の大きさにかかわらず控除は不要とする。

❹鉄筋

縦筋・横筋・幅止筋・開口補強筋等が計測対象となり、コンクリートの計測寸法に、柱や梁等への定着長さおよび必要継手長さを加える。

また、縦筋については鉄筋長にかかわらず各階1か所の継手を計上する。

ただし、開口部腰壁および手摺壁等の場合、継手はないものとする。

$0.5m^2$以下の開口がある場合は、コンクリート・型枠と同様に開口による控除はないものとするが、その場合でも開口補強筋の計上は必要となる。

ここでは「定着長30d」、「重ね継手長35d」として計測を行う（図2・15）。

❺事例解説

2階のX4−Y1〜2間のW18を解説する（図2・35〜図2・37）。

①コンクリート

基本的な計算式は、

壁高さ×壁長さ×壁厚

となる。

まず、横方向・縦方向共に内法寸法を求める。

横方向（柱間内法長さ）については、両側共にC_4であること、Y1〜Y2間寸法の6000が柱芯寸法ではないことに注意しながら求める。

$6.00 − 0.335 = 5.67m$（柱芯間長）

柱芯間長−接続柱幅 = $5.67 − 0.425 × 2 = 4.82m$
（柱間内法長）

縦方向（梁間内法高さ）については、接続する大梁は上下共にG_5であることや、$2G_5$および$3G_5$の梁天端高さを確認し、$2G_5$天端から$3G_5$の下端までを内法高さとする。

3.45（2G天〜3G天階高）$− 0.85$（$3G_5$梁成）
$= 2.60m$（梁間内法高）

壁厚は壁リストに記載の厚さを確認し、

$4.82 × 2.60 × 0.18 = 2.26m^3$　（表2・19①参照）

②型枠

基本的な計算式は、

壁高さ×壁長さ×2

となる。

注意すべきは、計測対象が「**両面の面積**」となることである。

縦方向および横方向の寸法はコンクリート寸法と同じになるが、両面ということから「×2」をすることを忘れないように注意が必要である。

$4.82 × 2.60 × 2 = 25.06m^2$　（表2・19②参照）

③鉄筋

次に鉄筋を計測するが、この壁の場合、**縦筋・横筋・幅止筋**が計測対象となる。

⑴縦筋

まずは縦筋を計測する。

基本的な計算式は、

梁間内法高さ＋梁への定着長（30d）×2（上下）
＋各階1か所の継手（35d）

壁リストを確認するとD10とD13の交互配筋になっているので、縦筋はD10とD13をそれぞれ分けて計測をする。鉄筋径により変わる数値は「定着長」と「継手長」のみなので、基本的な考え方は同じで良い。

D10　$2.60 + 0.3 × 2 + 0.35 = 3.55$　（表2・19③参照）
D13　$2.60 + 0.39 × 2 + 0.46 = 3.84$　（表2・19④参照）

縦筋本数は配筋範囲となる柱間内法長さをピッチで除し、鉄筋割付規則に則って求めた本数をD10とD13で分配する。

$4.82 ÷ 0.15 = 32.13$　切上げ→33　＋1で34本
34本をD10・D13で等分し、17本となる。

仮に、本数が奇数になり等分できない場合は、太

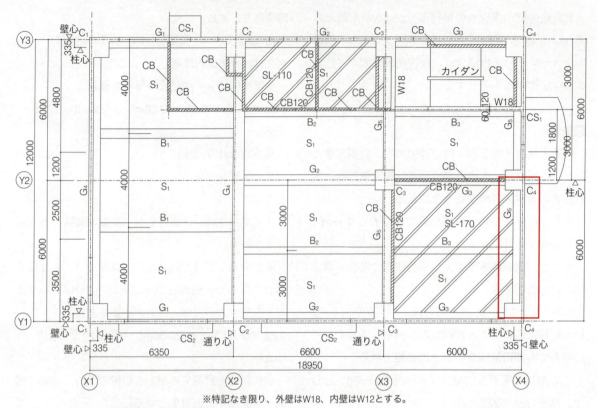

※特記なき限り、外壁はW18、内壁はW12とする。

図 2・35　壁案内図（2 階梁伏図）(BSIビル図面より)

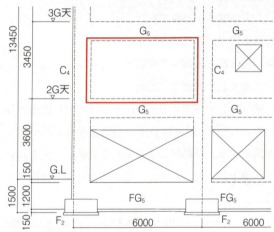

図 2・36　壁案内図（X4 通り軸組図）(BSIビル図面より)

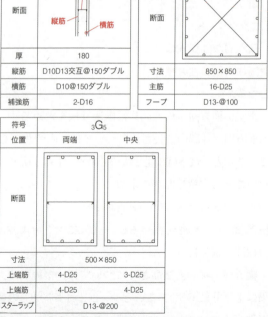

符号	W18			符号	₂C₄	
断面	幅止筋 (D10@1000) 縦筋　横筋			断面		
厚	180			寸法	850×850	
縦筋	D10D13交互@150ダブル			主筋	16-D25	
横筋	D10@150ダブル			フープ	D13-@100	
補強筋	2-D16					

符号	₃G₅	
位置	両端	中央
断面		
寸法	500×850	
上端筋	4-D25	3-D25
上端筋	4-D25	4-D25
スターラップ	D13-@200	

図 2・37　壁案内図（配筋リスト）(BSIビル図面より)

表2·19 壁の集計書

名称	コンクリート					型枠				鉄筋						
	寸法			か所	体積	寸法		か所	面積	形状	径	長さ	本数	か所	D10	D13
2W18	①					②						2.6+0.39×2+0.46＝3.84				
X4－Y1~2	4.82	2.60	0.18	1	2.26	4.82	2.60	2×1	25.06	③縦筋	13	3.84	17×2	1		130.56
										④	10	3.55	17×2	1	120.70	
												2.6+0.3×2+0.35＝3.55				
												4.82+0.3×2＝5.42				
										⑤横筋	10	5.42	19×2	1	205.96	
										⑥幅止筋	10	0.18	6×4	1	4.32	
												壁厚＝0.18				
				2.26				25.06							330.98	130.56

い方の鉄筋が多くなるように分配する。

また、この本数は1列辺りのD10・D13の本数であるので、ダブル配筋とするために、それぞれ×2をする。

(2)横筋

次に横筋を計測する。

基本的な計算式は、

柱間内法高さ＋柱への定着長（30d）×2

この壁の場合、定着長を含めた横筋長さは6.0mを超えないので継手は不要となる。各階に1か所の継手を加算するのは縦筋のみであることに注意が必要である。

横筋本数の求め方は縦筋の場合と同様で、壁リストを確認すると、D10のダブル配筋なので、鉄筋割付規則に則って求める。

2.60÷0.15＝17.33　切上げ→18　＋1で19本

ダブル配筋なので、×2をする。

計算書を確認しておいてほしい。（表2·19⑤参照）

(3)幅止筋

次に幅止筋を求める。

幅止筋長＝壁厚

となる。

幅止筋の鉄筋径やピッチは、共通事項として図2·15に記載されたり、壁リストとは別の部分に記載されることも多いので必ず確認をする。

鉄筋本数は壁コンクリート長およびコンクリート高さを幅止筋ピッチで除し、鉄筋割付規則に則って求めた本数同士を乗ずることで求める。

水平方向　4.82÷1.0＝4.82　切上げ→5　＋1で6本

鉛直方向　2.60÷1.0＝2.60　切上げ→3　＋1で4本

6本×4本＝24本となる。　（表2·19⑥参照）

解説では開口のない壁を取り上げたが、開口がある壁では、上記の他に開口補強筋の計上が必要になる。また、開口面積が0.5m²を超える場合、その部分の縦筋・横筋・幅止筋の控除が必要になる。

6　その他の部位について

■1階段

階段では、段スラブおよび手摺壁、踊場（踊場用小梁）を計測する。

コンクリートは設計寸法による段スラブ及び踊場等の板厚とその内法面積とによる体積とする。

手摺壁は「壁」に準じて計測・計算する。

型枠はコンクリートの底面及び他の部位に接続しない側面・踏面並びに蹴上の面積とする。

手摺壁は「壁」に準じて計測・計算する。

鉄筋は踊場については「床板」、階段梁については「梁」、手摺壁については「壁」に準じて計測・計算するが、段部分の鉄筋は、踏面・蹴上寸法の合計長さに「定着長」を加算する。鉄筋長さが継手必要長さになれば「継手長」をそれぞれ加算すればよい。

❷その他（庇・パラペット・ドライエリア）

基礎から階段までに属さない部分は、各部位に準じて計測・計算する。

庇であれば、「片持ち床板」として、パラペットは「腰壁」として、ドライエリアは「床板」・「壁」に準じて計測・計算する。

鉄筋については、他の部位に接続するなら「定着長」を、鉄筋長さが継手必要長さになれば「継手長」をそれぞれ加算すればよい。

❸その他の躯体関連

積算基準には定められていないが、計測・計算が必要な項目がある。

一部だけではあるが解説をしておく。

①耐震スリット

RC造の場合、地震等の外力が働くと、柱と梁は曲がることで地震力を吸収する。その際に、「柱と壁」・「梁と壁」が接続していると、柱および梁の曲げ能力が低下し、せん断破壊が生じやすくなる。

▶せん断破壊　断面が大きく長さの短い柱は、せん断力が集中し、せん断ひび割れと言うX型のひび割れが発生する。粘り強さが乏しくなり、建物全体の崩壊につながる。

耐震スリットを設け、それぞれの部位を機械的に縁切りしておくことで、地震等の外力が働いた際に、柱及び梁の曲げ能力を損なわず、地震力を吸収できるようにする。

耐震スリットには、完全型・部分型・雁行型など数種類あり、壁厚や耐火性能・防水性能により区分し、必要範囲の長さによるmを計測・計算する。

②高強度せん断補強筋

柱フープや梁のスターラップで用いられる。フープ筋やスターラップ筋は、柱・梁のせん断破壊を防ぐ役割をするが、高強度せん断補強筋は一般異形棒鋼の2〜3倍の強度を有するので、配筋を過密にすることなく、安全な架構を作ることができる。

高強度せん断補強筋は、設計に合わせて工場で製作される既製品なので、所要数量ではなく設計数量によるtを計測・計算する。

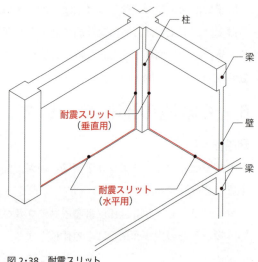

図2·38　耐震スリット

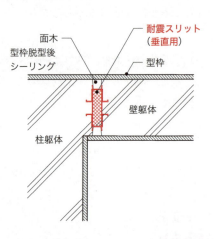

耐震スリットは、あらかじめ型枠にセットする。

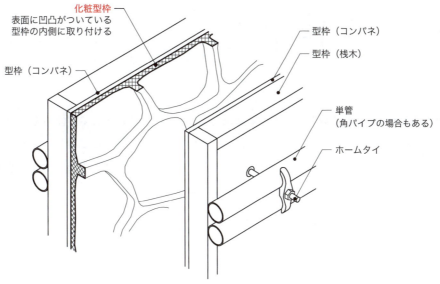

型枠（コンパネ）

化粧型枠
表面に凹凸がついている
型枠の内側に取り付ける

型枠（コンパネ）

型枠（桟木）

単管
（角パイプの場合もある）

ホームタイ

図2・39　化粧型枠

③化粧型枠

　木目や石目調の模様が付いた型枠で、脱型した際にコンクリート面に模様を付けるための型枠。

　様々な模様があり、同時に着色できるものもある。

　必要範囲の設計寸法による面積とするが、計測・計算は打放型枠と同様に、仕上工事で行う場合が多い。

④メッシュ型枠

　通常、型枠には広葉樹合板や針葉樹合板が用いられるが、金属製メッシュによる型枠で、主に基礎部分に使用される。型枠脱型が不要になり、工期短縮や廃材の少量化が図れる。

　摘要範囲の設計寸法による面積を計測・計算する。

| *04* | 仕上げ

　建物を人間に例えると、前節で説明した躯体は身体に相当する。ただし人間も同じで、裸のままでは生活もできないし困ることになる。そのため身に纏う物が衣装＝意匠、建物で言うと仕上げということになる。

　仕上げは、躯体表面や間仕切等の保護や装飾などの役割を担うことになる。石、タイルや塗装、壁紙といった表面材の他、手摺などの付属部品で構成される。

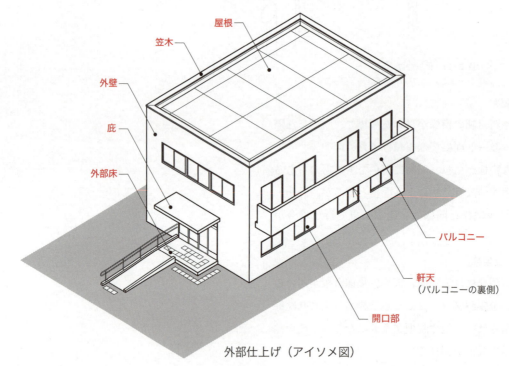

屋根
笠木
外壁
庇
外部床
バルコニー
軒天
（バルコニーの裏側）
開口部

外部仕上げ（アイソメ図）

外部仕上表の例	
屋根	アスファルト防水、保護コンクリートt80（溶接金網φ6-□100）、成形伸縮目地 ［立上り］アスファルト防水、乾式保護材 ［笠木］アルミ既製品W＝300、隅部役物
外壁	コンクリート打放し、吹付タイル
軒天	［バルコニー裏］コンクリート打放し、リシン吹付
外部床	［玄関ポーチ］モルタル金ごて押え（視覚障害者用床タイル）、段鼻タイル ［外部傾斜路］モルタル刷毛引仕上げ（視覚障害者用床タイル）、ステンレス手すり ［バルコニー床］モルタル下地、ウレタン塗膜防水
外部雑	［外部傾斜路］ステンレス手すり
庇	コンクリート打放し、ウレタン塗膜防水

図2・40　外部仕上げ

❶仕上げの区分

　仕上げの数量積算をするに当たっては区分ごとに計測・計算をしていく。

　最初の大きな区分は**外部仕上げ**と**内部仕上げ**である。外部と内部の区別は対象の部位が外気に触れているかどうかで判断する。

仕上げ表に基づき、各部位又は各部屋ごとに数量拾いを行っていき、最終的に各項目を集計して建物全体の数量を算出する。

　基本的には次のような区分で拾いを進めることになる（図2・40、図2・41）。

　他に仕上げ材としては、間仕切（軽鉄壁、木造壁

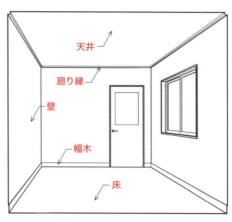

内部仕上げ（一点透視図）

内部仕上表の例					
室名	床	幅木	壁	廻り縁	天井
○○室	ビニル床シート張り FT 厚2.0	木製 OSCL H=100（×24）ナラ	壁紙張り （ビニルクロス）	木製 OSCL 30×30ナラ	壁紙張り （ビニルクロス）

図2・41　内部仕上げ

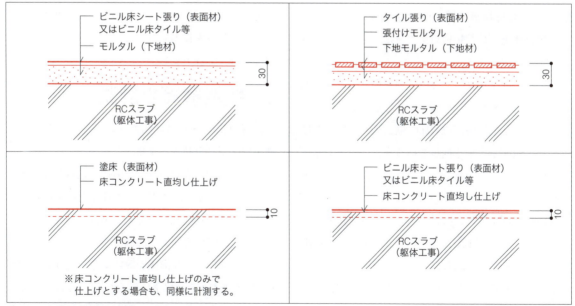

図2・42　矩計図・部分詳細図等での床仕上げの表示例

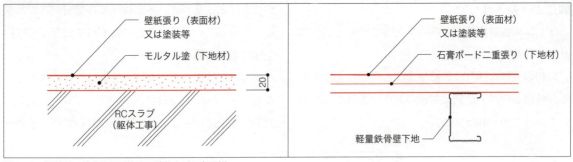

図 2・43　矩計図・部分詳細図等での壁仕上げの表示例

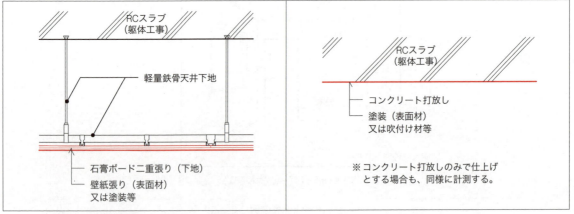

図 2・44　矩計図・部分詳細図等での天井仕上げの表示例

等）や建具もあるが、それは後述の章にて解説するとして、ここでは上記区分に沿って解説していく。

❷仕上げ数量積算の基本的な手法

まずは仕上げの数量積算をするに当たっての基本的な手法を説明する。

仕上げとは下地材（または下地処理）の上に表面材（シート、塗装等）を施工することになるので、数量積算としては各部位（床、壁、天井等）ごとに下地から表面までを一括して拾う**複合拾い**とする。

どのようなものがあるかは下記に一例として列挙した。

・表面仕上げ：塗装、吹付、防水等の表面処理
　　　　　　　石、タイル、カーペット、壁紙、化粧ボード等の貼り物
・下地材：石膏ボード、ケイカル板、合板等、塗装や貼り物の下地

モルタル等のコンクリート面の下地処理
床組、壁胴縁、軽鉄天井等の骨組み下地

これら各部位ごとに複合で拾った数量を同じ項目ごとに集計していくことによって1棟の建物の各項目ごとの数量を算出する。これも基本的には外部、内部は分けて計上する。

1　数量積算の計測

数量算出のための計測方法は『建築数量積算基準・同解説』を基本とする。

数量の計測は設計図書より躯体または準躯体表面からの寸法とする。ただし、躯体または準躯体表面の仕上げ代が 0.05mm を超える場合は、原則としてその主仕上げの表面より計測する。

建具の開口部、設備機器等による仕上げの欠除が1か所当たり 0.5m² 以下の場合は仕上げの欠除はないものとみなす。ただし高価な材料である石の場合

は 0.5m² を 0.1m² と読み替える。

　また幅木、廻り縁等で 0.05m 以下のものはその欠除はないものとする。

　同様に凸凹仕上げも 0.05m 以下は凸凹がないものとして扱う。

2　外部仕上げの計測

　外部仕上げは主として屋根、外壁、軒天、外部床、外部雑等に分ける。

　ここからは各部位ごとに算出例を交えて紹介する。

■1 屋根

　鉄筋コンクリート造の場合の陸屋根(ろく)は、アスファルト防水やシート防水のような防水層仕上げの場合と金属屋根（折板(せっぱん)、スレート等）の場合に大別できる。

　最初に図2・45のような一般的な RC 造建物の屋根の計測を行う。

屋根：アスファルト露出防水＋コンクリート直押え(じか)

　寸法は屋根の内法寸法による。

　X 方向＝ 18.95 － (0.09×2)＝18.77m　［図2・46 ①］

　Y 方向＝ 12.00 － (0.09×2)＝11.82m　［図2・46 ①］

　アスファルト露出防水　18.77×11.82 ＝221.86m²

　防水下コンクリート直押え

　　防水と同数量＝ 221.86m²

屋根立上り：アスファルト露出防水（図2・46）

　四周長さ＝(18.77＋11.82)×2＝61.18m

　高さ＝0.60－0.15＝0.45m

　アスファルト露出防水　61.18×0.45＝27.53m²

　防水下打ち放し補修　防水と同数量＝27.53m²

　防水押え金物　　　　　61.18m

　コーナーモルタル　　　61.18m

笠木：アルミ笠木 W＝300

　長さは笠木の中心線で計測する。

　X 方向＝ 18.95 － (0.06×2)＝18.83m　［図2・46 ②］

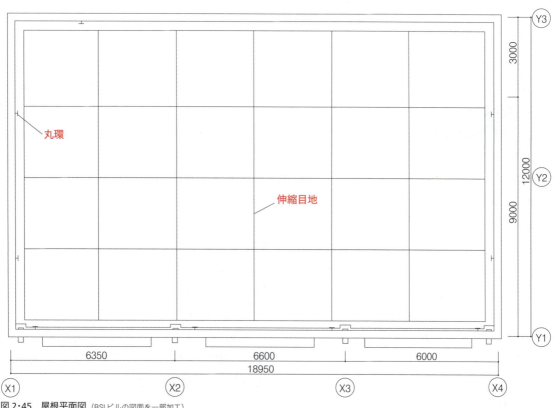

図2・45　屋根平面図（BSIビルの図面を一部加工）

6350　　6600　　6000

18950

X1　　X2　　X3　　X4

Y3　3000　Y2　9000　Y1　12000

丸環

伸縮目地

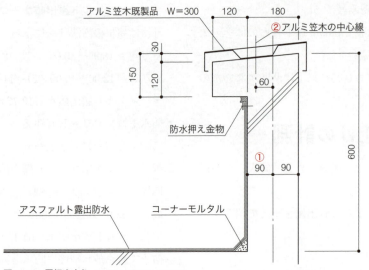

図2·46 屋根立上り (BSIビルの図面を一部加工)

Y方向＝12.00−(0.06×2)＝11.88m［図2·46②］

アルミ笠木　既製品 W＝300

　(18.83＋11.88)×2＝61.42m

アルミ笠木コーナー　　　　　4か所

　　上記コーナーがある場合は笠木長さからコーナー部の延べ長さを減ずる。

笠木下コンクリート直押え　W＝300　61.42m

次に金属屋根についての計測をする。金属屋根は工場、倉庫等の屋根に広く使用されているが、コンクリート造の建物では部分的に使用される程度であるので、前出での例題建物では出てこないが、参考として見てもらいたい。

金属屋根の構成は図2·47のような形になる。下地の鉄骨は躯体で拾うので、ここでは鉄骨より上部を外部仕上げと考える。

主材の**折板屋根**と構成部材を計測する。折板屋根には凸凹があるが、積算上の計測は平面積とする。

▶**折板屋根**　長スパンの鉄骨構造に広く使用されている。素材としてはガルバリウム鋼板が主流である。

その他の部材も凹凸は考えずにそのままの長さを算出する。

折板屋根　H＝88　4.02×8.40＝33.77㎡

タイトフレーム　4.02×5＝20.10m

		鉄骨梁上の支持部材
軒先水切	4.02m	軒先の部材
軒先面戸	4.02m	軒先のカバー
水上フレーム	4.02m	軒先と同様の水上部分
ケラバ包み	8.40×2＝16.80m	
		ケラバのカバー
軒樋	4.02m	軒先の排水
軒樋落し口	1か所	縦樋の接続部分
縦樋	軒樋下面よりGL（又は接続会所）までの長さを計測する。	

上記に一般的な項目を計測したが、金属屋根に関しては各メーカーより色々な材種があるため、実際の積算に際しては図面やメーカー指定等を考慮して計測する必要がある。

❷外壁

外壁は建物外部側面を指し、図2·48のような立面図を主として拾い出しを行う。これも鉄筋コンクリート造の壁を例とする。

凡例にあるような仕上げ表をもとに外壁仕上げとそれに付随する項目を計上する。建具による開口がある場合は積算基準に倣い、開口面積が0.5㎡を超える場合は差し引く。

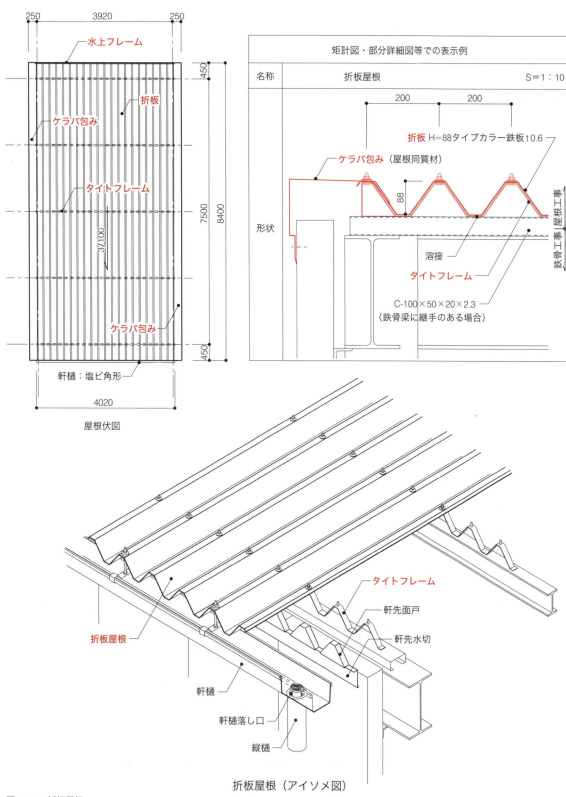

屋根伏図

矩計図・部分詳細図等での表示例

名称	折板屋根	S＝1：10

折板 H＝88タイプカラー鉄板 t0.6

ケラバ包み（屋根同質材）

溶接

タイトフレーム

C-100×50×20×2.3
（鉄骨梁に継手のある場合）

形状

折板屋根（アイソメ図）

図 2・47　折板屋根

水上フレーム／折板／ケラバ包み／タイトフレーム／ケラバ包み／軒樋：塩ビ角形

タイトフレーム／軒先面戸／軒先水切／折板屋根／軒樋／軒樋落し口／縦樋

吹付タイル　壁長×高さ：12.15×10.55＝128.18m²

　　　　　　－建具開口：－1.50×0.90＝－1.35m²

　　　　　　塔屋　　　：　3.15×2.90＝　9.14m²

　　　　　　　　　　　　　　　　計 135.97m²

モルタル刷毛引き　同上下地なので同面積

　　　　　　　　　　　　　　　135.97m²

打継目地　　　　　12.15×4＋3.15＝51.75m

シーリング C 種 20×15（打継目地と同数量）51.75m

化粧目地　　　　　　　10.55×4＝42.20m

▶吹付タイル　艶有りタイプのものを指し、複層塗材 E が一般的である。

　表面仕上げ、下地が同数量となる項目は個別に計算するのではなく、まとめて拾い出しをしていくことになる。それが複合拾いである。

❸軒天

　軒天は庇やバルコニー等の裏側、見上げ面の仕上げになる。その他にピロティのような囲まれた部分にある天井部分も同様である。数量の算出方法は後述の内部仕上げの天井と同様になるので、ここでは割愛する。

❹外部床

　外部床は 1 階では犬走り（建物の周りに設けるコンクリート床）や玄関ポーチ部分と前出のピロティ床など、上部階ではバルコニーや外部廊下等の床が該当項目になる。これも算出方法は内部仕上げの床と同様である。

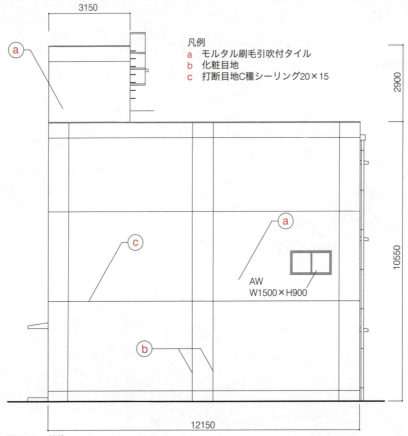

凡例
a　モルタル刷毛引吹付タイル
b　化粧目地
c　打断目地C種シーリング20×15

AW
W1500×H900

3150

2900

10550

12150

図 2・48　外壁（BSI ビルの図面を一部加工）

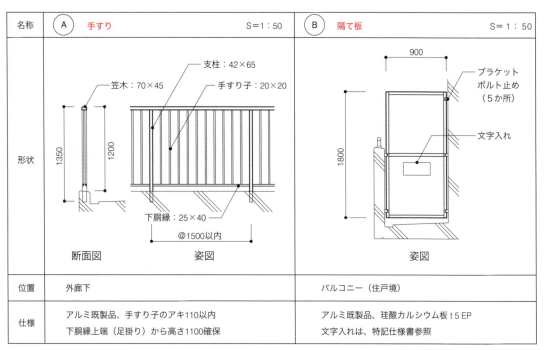

名称	Ⓐ 手すり	S=1:50	Ⓑ 隔て板	S=1:50
形状	笠木：70×45　支柱：42×65　手すり子：20×20　1350　1200　下胴縁：25×40　@1500以内　断面図　姿図		900　ブラケット ボルト止め（5か所）　文字入れ　1800　姿図	
位置	外廊下		バルコニー（住戸境）	
仕様	アルミ既製品、手すり子のアキ110以内　下胴縁上端（足掛り）から高さ1100確保		アルミ既製品、珪酸カルシウム板 t5 EP　文字入れは、特記仕様書参照	

※形状・仕様から単価を求める

第2章 鉄筋コンクリート造の積算

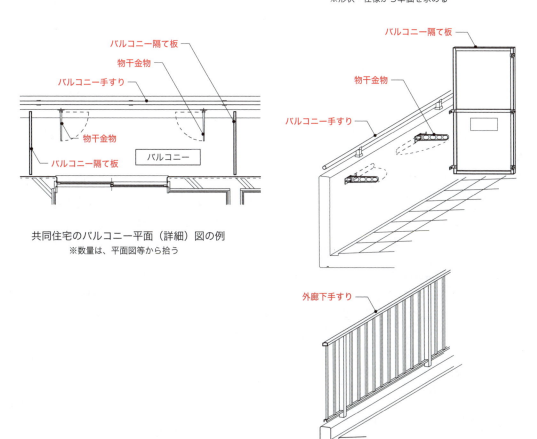

共同住宅のバルコニー平面（詳細）図の例
※数量は、平面図等から拾う

図2・49　雑詳細図の例

5 外部雑

その他外部仕上げを算出するに当たり、前出までの屋根、外壁、軒天、外部床のどの部位にも該当しない項目を計上する。

共同住宅を例に挙げれば下記のようなものが考えられる。

- **手すり**…外部階段、屋上、廊下（図2・49）・バルコニー、エントランス廻り等
- **面格子**…住戸の外廊下面
- **物干金物、クーラー取付金物**…バルコニー
- **バルコニー隔て板**…バルコニー住戸間（図2・50）
- **集合郵便受け**
- **サイン**…室名札、館銘板、階数表示等

他にも外構工事とも関連してくるが、点字タイルやスロープ等の障がい者のための項目も色々とある。

このように、一つの建物でも、外部周りだけでも種々の項目があり、また用途によってはかなり特殊な項目も出てくることになる。特に美術館、博物館などは建物そのものにも芸術性を求められるので、外部周りも非常に凝ったデザイン性の意匠仕上げになる場合が多い。またプール、競技場などはほとんどが外部となるので外部仕上げの占める割合が高いものになる。

余談ではあるが、世界遺産でもあり、まだ建設途中でもあるスペイン・バルセロナのサグラダファミリア大聖堂などは外部仕上げを計測するには三角関数を駆使しないと正確な面積算出は困難を極めるのではないであろうか。

▶ **サグラダファミリア大聖堂**　アントニ・ガウディ設計による未完の教会。ガウディ没後100年にあたる2026年に完成予定と発表されている。

このような特殊な建物は別としても、数量算出にあたっては図面をよく理解した上で積算にかかることが重要になってくる。

3　内部仕上げの計測

内部仕上げとは建物の内部空間（外気に触れない部分）の仕上げを指す。

一般的な鉄筋コンクリート造の建物であれば、積算拾いの中でももっとも時間を要する部位の一つでもある。なぜなら屋根や外壁のように大きな範囲をまとめて計測する場合が多い外部仕上げに比べて、内部仕上げは各部屋ごとに計測していくため、その建物の部屋数分の拾いが発生するので、小部屋の多い建物（例えば病院等）ほど作業に時間を要することとなる。

また各部屋の使い勝手に関する施主要望等も積算過程で発生することも多く、作業途中での変更対応なども多い拾い部位と言える。

仕上げの項目も多岐に渡ることが多く、いかに早く効率的に拾い作業を進めるかも重要なポイントとなってくる。それを下記にまとめる。

- 外部仕上げとも同様であるが、下地も含めた**複合拾い**をする。
- 部屋面積等の計測は基本的には最大寸法から減算を原則とする。
- 材料、仕上げ等の名称は拾い書の中では略号等を使用して時間の短縮を図る。
- 同一の部屋がいくつもある場合（共同住宅での

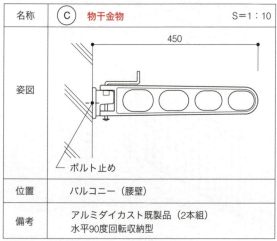

名称	Ⓒ 物干金物	S＝1：10
姿図	450 ボルト止め	
位置	バルコニー（腰壁）	
備考	アルミダイカスト既製品（2本組） 水平90度回転収納型	

図2・50　雑詳細図等での仕上げの表示例

階	室名	床			幅木			壁		天井			廻縁	ブラインドBOX	ブラインド
		下地	仕上	FL高	下地	仕上	FL高	下地	仕上	下地	仕上	天井高			
1階	玄関ホール	M	御影石 t30 450×900	GL+120	RC	大理石貼 t25	100	RC	大理石 t25	LGS	アルミスパンドレル t1.2 W=120 ジュラクロン焼付	2400	アルミ		
	廊下	M	タイルカーペット t7	GL+120	RC,CB LGS	ソフト巾木	100	RC,CB LGS	モルタル金鏝 t20 EP PB t9.5捨貼の上 PB t12.5 EP	LGS	PB t9.5捨貼の上 岩綿吸音材 t12	2400	塩ビ		
	事務室	M	タイルカーペット t7	GL+120	RC, LGS	ソフト巾木	100	RC, LGS	PB t12.5GL工法 ビニールクロス PB t9.5捨張の上 PB t12.5 ビニールクロス	LGS	PB t9.5捨貼の上 岩綿吸音材 t12	2400	塩ビ	アルミ	○
	応接室	M	タイルカーペット t7	GL+120	RC, LGS	ソフト巾木	100	RC, LGS	PB t12.5GL工法 ビニールクロス PB t9.5捨張の上 PB t12.5 ビニールクロス	LGS	PB t9.5捨貼の上 岩綿吸音材 t12	2400	塩ビ	アルミ	○
	書庫	M	ビニールタイル t2	GL+120	RC,CB	ソフト巾木	100	RC,CB	モルタル金鏝 t20 EP	LGS	PB t9.5 目透し EP	2400	塩ビ		
	湯沸	M	ビニールシート t2.3	GL+120	RC,CB W	ビニールシート 立上げ	100	RC,CB W	モルタル金鏝 t20 EP 流し前 100角タイル PB t12.5 EP		硅酸カルシュウム板 t6 目透し EP	2400	塩ビ		
	和室	W	たたみ敷き 一部縁甲合板 t12	GL+280	RC,W	たたみ寄		RC,W	PB t12.5 和風クロス		杉柾目板 目透し	2400	木製		
	押入	W	ラワンベニヤ t5.5	GL+280	RC,W	雑巾摺		RC,W	ラワンベニヤ t4		ラワンベニヤ t2.5		木製		
	便所	M	モザイクタイル 25角	GL+90				RC,CB	100角タイル 面台 テラゾーブロック t2.5	LGS	硅酸カルシュウム板 t6 目透し EP	2400	塩ビ		
	倉庫	RC	モルタル金鏝 t30	GL+120				RC,CB	コンクリート打放しのまま コンクリートブロック化粧積		コンクリート打放しのまま				
	大倉庫	RC	土間コンクリート 金鏝押え	GL+50	RC	防水モルタル 金鏝	150	RC	コンクリート打放し 吹付タイル		木毛セメント板 t25打込 の上アクリルリシン吹付				

※M：モルタル、RC：コンクリート、LGS：軽量鉄骨壁または天井、CB：コンクリートブロック、W：木造、PB：石膏ボード、EP：合成樹脂エマルジョンペイント

図2・51　内部仕上表 (BSIビルの図面を一部加工)

住戸等）は1部屋を拾って倍数をかける。

・拾いの順序として床・壁・天井と、部屋の下から上へ向かって進めていく。最後に雑物を拾い出す。

・内部仕上げ表と平面詳細図、展開図、天井伏図を基に頭の中で三次元的に部屋形状を描いてみると理解しやすい。

以上を踏まえて右記のような仕上げ表・平面図から、以下より計算例を添えて解説する。1階事務室を例に計算していくこととする（図2・51〜図2・53）。

まず最初にその部屋の基本寸法を算出する。

部屋寸法は壁の内法で計測する。

囲まれている壁の厚みはRC壁：180、LGS壁：65、柱：850角　とする。

X方向：$(2.95-0.03)+(6.60+0.25)=9.77$m

Y方向：$7.80-0.09-0.03=7.68$m

[図2・53①〜④]

この寸法を基本に各部位の拾いを開始する。

◼1内部床

図2・51より床はタイルカーペット＋下地モルタルとなる。

一部柱が突出しているが、積算基準より0.5m²を超える場合は面積から差し引くことになる。この部屋の場合はX3−Y1通の柱が$0.67×0.67=0.45$m²なので減算不要、その他の柱は$0.85×0.67=0.57$m²なので減算が必要となる（図2・53）。

以上を踏まえて床仕上げを算出していく。

床：タイルカーペット厚7

下地モルタル　X×Y　$9.77×7.68=75.03$m²

X2柱　$-0.85×0.67=-0.57$m²

[図2・53⑤]

X3柱　$-0.85×0.67=-0.57$m²

[図2・53⑥]

73.89m²

これで1F事務室の床仕上げ面積が算出できた。これをベースに各部位へ進んでいく。

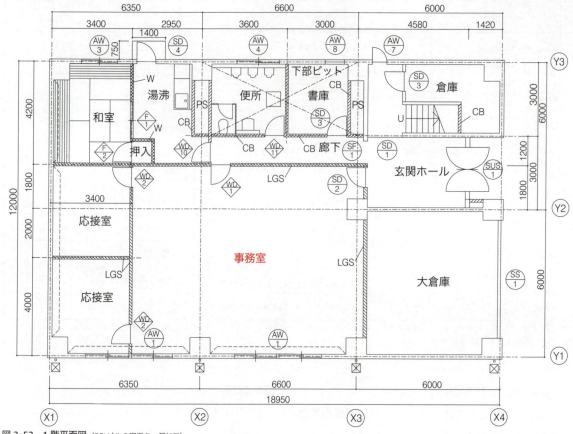

図 2·52　1 階平面図（BSI ビルの図面を一部加工）

❷ 幅木、内部壁

　壁と幅木は連続した同一の下地面となり、表面仕上げだけが異なってくるので、拾いの考え方としてはここではまとめて解説をしていくことにする。

　仕上げ表より幅木はソフト幅木 H ＝ 60、壁はビニルクロスとなる。下地材は幅木、壁ともにコンクート面は石膏ボード厚 12.5 直張工法、軽量鉄骨壁面は石膏ボード厚 9.5 ＋ 12.5 となる。

　ここでも先に計測した X、Y 方向の寸法を基に周長を算出、開口面積を差し引いていくことになる。

　周長は（9.77 ＋ 7.68）× 2 ＝ 34.90m（※）、これに柱突出部の 0.67 × 4 ＝ 2.68m を加えて 37.58m がこの部屋の周長となる。ただし壁下地がコンクリート面とLGS 面の 2 種類あるので、実は別々に算出しなければならない。

　幅木の場合は m 計上となるが、下地のボードは集計する時に m² 換算して壁面積と合算することになる。

　コンクリート面は窓側の Y1 通（柱型含む）と X3 － Y2 通の柱型がある。

　幅木：ソフト幅木 H60

　　石膏ボード厚 12.5 直張工法

　　　　Y1 通　　9.77 ＋ 0.67 × 3 ＝ 11.78m

　　　　X3 － Y2 通柱　0.85 ＋ 0.67 × 2 ＝　2.19m

　　　　　　　　　　　　　　　　　　　　　13.97m

▶**石膏ボード**　芯材に石膏等を混入加圧し、両側から紙で被覆したもの。最も一般的な建築資材である。

　残りは軽鉄壁面となるので、周長より上記コンクリート面数量と扉開口寸法を差し引いた数量になる（図 2·53）。

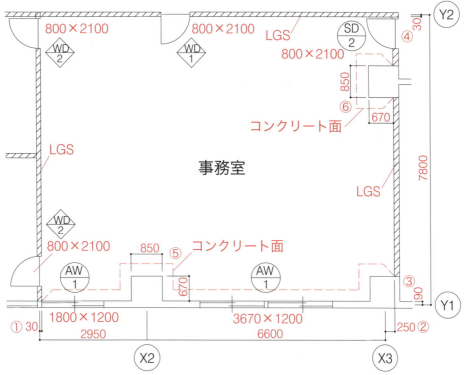

図 2·53　1 階平面図（部分）(BSI ビルの図面を一部加工)

幅木：ソフト幅木 H60

　　石膏ボード厚 9.5＋12.5

　　　周長 ※　　　　　　　　37.58m

　　　－コンクリート面　　　－13.97m

　　　－扉幅　　−0.80×4＝−3.20m
　　　　　　　　　　　　　　　　───────
　　　　　　　　　　　　　　　20.41m

　　幅木と壁は先にも述べたように同一面上にあるの
で、幅木長さを利用して壁面積を算出するようにす
る。別個に算出しても答えが同じならば問題はない
のだが、作業途中で変更等が生じた場合に幅木長さ
を修正すれば壁面積も同時に修正できるようにリン
クさせておけば手間が省けることになる。

　　ではその方法で壁面積を算出してみよう。幅木と
異なるのは数量が面積なので、幅木長さに部屋の天
井高さを掛けることになる。この天井高さは幅木の
部分は既に計上済なので、幅木高さを差し引いた寸
法で計算する。また窓面積の減も発生してくる。

壁：ビニルクロス

　　石膏ボード厚 12.5 直張工法

　　天井高×幅木　(2.40−0.06)×13.97＝32.69m²

　　−AW　　　−1.20×(1.80＋3.67)＝− 6.56m²
　　　　　　　　　　　　　　　　　　　───────
　　　　　　　　　　　　　　　　　　　26.13m²

壁：ビニルクロス

　　石膏ボード厚 9.5＋12.5

　　天井高×周長　(2.40−0.06)×37.58＝87.94m²

　　−コンクリート面

　　　　　　−(2.40−0.06)×13.97 ＝− 32.69m²

　　−扉幅　−(2.10−0.06)×0.80×4 ＝− 6.53m²
　　　　　　　　　　　　　　　　　　───────
　　　　　　　　　　　　　　　　　　48.72m²

❸内部天井

　　天井は基本的には床と同一面積となる。軽量鉄骨
下地にボードを張り、塗装・クロスや化粧ボード貼
り等が一般的な仕上げになる。天井と壁との取り合
い部分には廻り縁が取り付けられる。天井面積は床

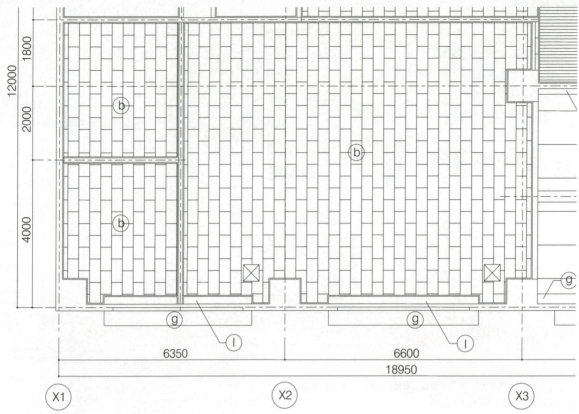

図2・54　天井伏図（BSIビルの図面を一部加工）

仕上げでの床面積、廻り縁は部屋周長の数量を転用して算出する。

　前出の仕上げ表（図2・51）より、天井仕上げは下地軽量鉄骨天井、石膏ボード厚9.5捨て張りの上岩綿吸音板厚12となる。

▶**岩綿吸音板**　無機質繊維の岩綿を主原料としたボード。主に天井材として利用されている。

　参照図面としては仕上げ表のほか図2・54の天井伏図も見ることになる。天井伏図からも事務室の位置は「b：岩綿吸音板」と読み取ることができる。岩綿吸音板は下地の石膏ボードもセットで1項目として計上するのが一般的である。

　天井：岩綿吸音板厚12＋PB厚9.5捨張り共
　　　　軽量鉄骨天井下地　　　床面積＝73.89m²

▶**捨貼り**　下地張りのこと。

　天井廻り縁は幅木のように開口はないので、部屋

a	アルミスパンドレル t1.2　w＝120　ジュラクロン焼付
b	PB t9.5 捨張ノ上　岩綿吸音版張 t12
c	PB t9.5　目透板 EP
d	硅カル板　目透板 VP
e	PB t12.5 下地　布クロス貼
f	グラスウール t25 張り
g	コンクリート打放　吹付タイル
h	木毛セメント板 t25 打ち込み　リシン吹付
i	化粧 PB（杉柾）目透板
j	PB t12.5 下地ビニールクロス貼
k	チーク練付　ブラインド BOX
l	アルミブラインド BOX

図2・55　天井仕上げ凡例（BSIビルの図面を一部加工）

の周長をそのまま採用する。

　　天井廻り縁／塩ビ製　部屋周長＝37.58m

　このように天井については、床や幅木を算出する際の数量をそのまま転用するのが一般的であるが、天井に段差があったり、天窓のような開口がある場

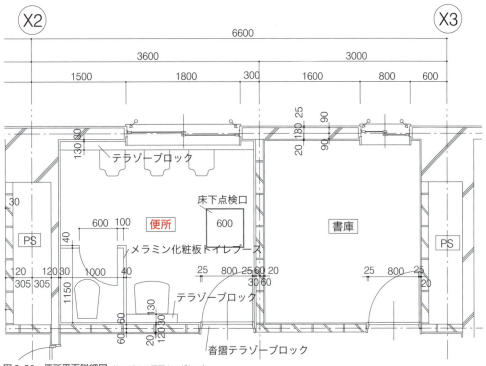

図2·56 便所平面詳細図（BSIビルの図面を一部加工）

合はその数量を基に増減計算して数量を算出することになる。床や壁と別個に計算したりすると、複雑な形状の場合、計算間違い等で食い違いが生じるなどミスが起こる可能性も増える。そのため、ミスを少しでも減らす意味でも、同一の数量を転用していくことが基本になってくる。

❹内部雑

部屋の床、壁、天井の主要仕上げ以外に各部屋には様々な雑物が存在する。前出の事務室では天井伏図にも記載のある**ブラインドボックス**がある。

ブラインドボックスは建具長さで求める。建具L＝3670なので、

ブラインドボックス：3.67m　となる。

ここでは長さで求めたが、特殊な場合は長さごとによる箇所計上となることもある。

またボックスに取り付く**ブラインド**も本工事であれば箇所又は面積にて計上することになる。

事務室なのであまり多くの項目は出ないが、部屋の用途によっては様々な項目が発生することになる。

例えば図2·56のような**便所**を例に項目を拾い出してみよう。

トイレブース　　L＝1000＋1150　1か所

ライニング面台テラゾーブロック　W130

　　　　　　　　　箇所又は延べ長さで計上

沓摺テラゾーブロック　　L＝800

　　　　　　　　　箇所又は延べ長さで計上

床下点検口　　600角　1か所

▶**テラゾーブロック**　砕石を白色セメントと混ぜ固め磨いて大理石状に仕上げた人造石のこと。

この便所ではこの程度だが、もう少し規模が大きくなれば洗面カウンター、化粧鏡や障がい者用の便所手摺、点字タイル等がある。

ただし便所の中では便器など設備工事で計上する項目もあり、まれに左記の洗面カウンターや鏡なども設備工事で計上することもあるので、工事区分表

を参照し重複のないようにすることが重要である。

その他に一般的な項目としては下記のようなものが考えられる。

- ・湯沸室、浴室等の水廻り…流し台、吊戸棚、キッチンセット、ユニットバス、洗濯パン
- ・防災関係…避難器具、防煙垂壁、消火器ボックス（多くの場合消火器は設備）
- ・学校…黒板、掲示板、体育施設

各室に必要な家具類やサインなどはどのような建物でも必ずある項目といってもいいだろう。このように様々な項目が内部雑として必要であるので、色々な図面からそれを読み取る必要がある。

ここまで一般的な事務室を例に仕上げ拾いを解説してきたが、次に和室を拾ってみよう。木造建築での積算は特殊であるので別項で述べるとして、ここでは鉄筋コンクリート造での木材拾いについて解説していく。

木材については体積で材料を算出して手間をm、㎡で計上する場合と、全て材工共でm、㎡のみで計上する場合がある。最近は後者の材工共で計上する方法が主流になっているので、ここではこの方法により先の事例で使用した建物の中の和室について見ていくことにする（図2・57）。

まず床は仕上げ表、平面図を見てわかるように、

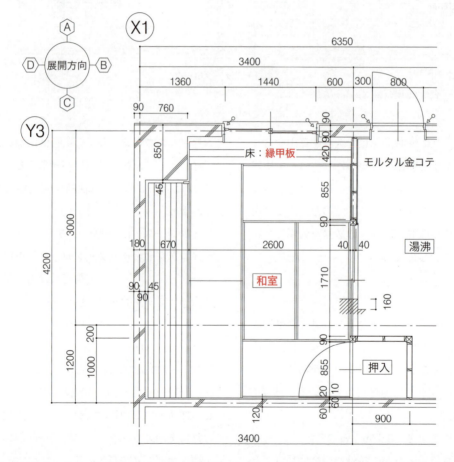

室名	床			幅木			壁			天井			廻縁
	下地	仕　上	FL高	下地	仕　上	FL高	下地	仕　　上		下地	仕　上	天井高	
和室	W	たたみ敷き　一部縁甲合板t12	GL+280	RC,W	たたみ寄		RC,W	PB t12.5 和風クロス		杉柾目板 目透し		2400	木製

図2・57　和室平面詳細図（BSIビルの図面を一部加工）

76

畳と板張りの2種類がある。下地の床組の高さも異なってくるので、別々に拾うことになる。

部屋の内法寸法は、

X方向：3.40－0.09－0.04＝3.27m

Y方向：4.20－0.06－0.09＝4.05m

となる。

また、縁甲板部分の長手方向は、

X1通側：4.20－0.06－（0.85－0.09）＝3.38m

Y3通側：3.40－0.04－（0.85－0.09）＝2.60m

となる。

床：**縁甲板**／厚12

転ばし床組　H＝178

X1通側　0.67×3.38＝2.26m²

Y3通側　2.60×0.42＝1.09m²

3.35m²

▶**転ばし床組**　コンクリート床の上に根太、大引き等の木造床下地材で仕上げたもの。

床：**畳下合板**／厚12

転ばし床組　H＝123

部屋面積　3.27×4.05＝13.24m²

－板張り　　　　－3.35m²

9.89m²

床：**畳敷き**／1帖もの　　6枚

一般室での幅木に当たるものが和室では畳寄せになる。

畳寄せ：周長　　（3.27＋4.05）×2＝14.64m

襖　　　　　　－1.71m

戸襖　　　　　－0.86m

12.07m

▶**畳寄せ**　畳と壁下部の接する部分に設ける木部材。

壁、天井は一般室と同様の拾いになる。**コンクリ**

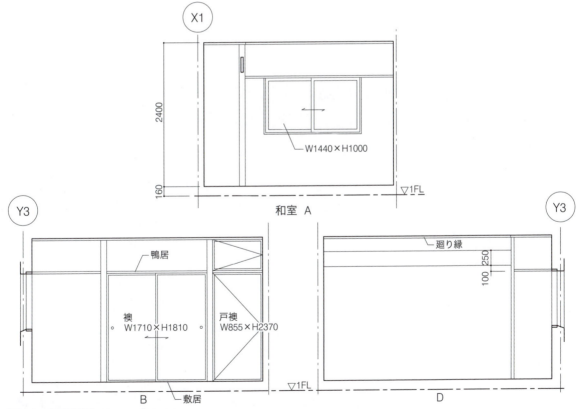

X1

2400

160

▽1FL

和室　A

Y3

鴨居

襖
W1710×H1810

B　　敷居

Y3

廻り縁

250
100

戸襖
W855×H2370

▽1FL

D

図2・58　和室展開図（BSIビルの図面を一部加工）

ート面と木造壁面は分けて拾い出しをする。

　壁：和風クロス／ボード面

　　石膏ボード／厚 12.5 GL 工法

$$(3.27×2＋4.05)×2.40＝25.42m^2$$

　　－サッシ　　　　　　$-1.44×1.00 ＝-1.44m^2$

$$23.98m^2$$

　壁：和風クロス／ボード面

　　石膏ボード／厚 12.5　　$4.05×2.40＝ 9.72m^2$

　　－襖　　　　　　　　$-1.71×1.81＝-3.10m^2$

　　－戸襖　　　　　　　$-0.86×2.37＝-2.04m^2$

$$4.58m^2$$

天井：杉柾合板／目透かし

　　木製天井下地　　　　$3.27×4.05＝13.24m^2$

木製天井廻り縁　　　　$(3.27＋4.05)×2＝14.64m$

　その他和室特有の項目として襖部分の敷居、鴨居
がある（図 2・57）。

敷居：1.71m

鴨居：1.71m

　以上和室について見てきたが、この他にも純和室
になると床の間などの特別な造作が出てくるので、
図面をよく読み解いて項目漏れのないように注意す
ることが必要になる。

| 05 | 開口部

開口部は建具類及び開口枠類とし、建具類は大きく木製建具類と金属製建具類に分けられる。また、建具類の枠、額縁、沓摺等は開口部に属するものとする（図2・59）。

1 開口部の種類

開口部は、形状・材質などによって区分する。

①木製建具類

・木製建具
・ふすま
・障子　など

②金属製建具類

・アルミ製建具
・鋼製建具
・ステンレス製建具
・軽量鋼製建具
・シャッター　など

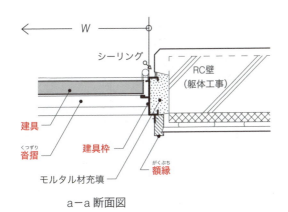

a−a 断面図

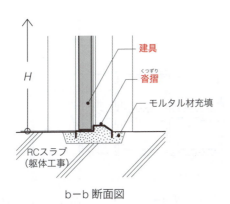

b−b 断面図

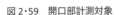

図2・59　開口部計測対象

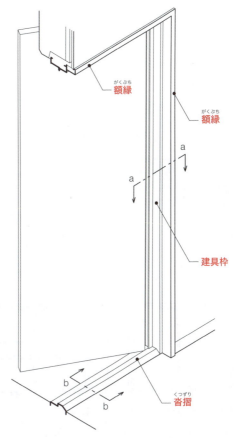

開口部廻り（金属製建具）

❷開口部の積算

木製建具類は**表面処理、主仕上、附合物、仕上下地**の複合としたユニットとし、金属製建具類はこれに**枠類**を含めたユニットとする。

建具の主仕上の材質、形状などにより区分し、建具類の符号、寸法別の箇所数を数量とする（表2・20）。

（例）金属製建具　アルミ製

　　AW-1　W3670×H1200　1か所

建具類の積算は一般的に以下の項目についても同時に計測・計算をし、各工事に別計上とする。

①シーリング

外部建具枠周囲には一般的に防水の目的から**シー**リング材を充填する。シーリング材は材種、規格、断面寸法ごとに、**建具の内法寸法の周長**を計測・計算し、防水工事に計上する。

（例）MS-2　変成シリコン系（2成分形）10×10

▶**建具の内法寸法**　基本的に設計図書（建具表）の寸法は内法寸法で表記されている。

②モルタル

コンクリート、コンクリートブロックなどの壁に取り付く建具枠周囲には一般的に**モルタル材**を充填する。モルタル充填は**建具の内法寸法の周長**を計測・計算をし、外部・内部に分けて左官工事に計上する。

表2・20　建具積算［金属製・木製］

符号	寸法		面積	か所	面積計	塗装			ガラス						シーリング	詰モルタル
	W	H	A	N	AN	種類	係数	W-SOP	種類	計算		フロート 5		シーリング			
AW-1	3.67	1.20	4.40	1	4.40				フロート5	3.67	1.20	1	4.40			
									ガラスシーリング	2×3.67+8×1.20				16.94		
									シーリングモルタル	2×(3.67+1.20)					9.74	9.74
WD-1	0.80	1.90	1.52	1	1.52	SOP	2.9	4.41								

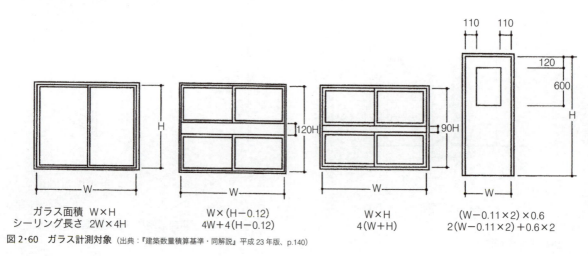

ガラス面積　W×H
シーリング長さ　2W×4H

W×(H-0.12)
4W+4(H-0.12)

W×H
4(W+H)

(W-0.11×2)×0.6
2(W-0.11×2)+0.6×2

図2・60　ガラス計測対象（出典：『建築数量積算基準・同解説』平成23年版、p.140）

③ガラス

全面にガラスがはめ込まれている場合は、材質、規格等ごとに原則として建具類の**内法寸法による面積**を計測・計算する（図2・60）。

▶**内法寸法による面積**　方立、かまち等の見付幅が0.1mを超える場合はその面積を差し引いた面積とする。（建築数量積算基準参照）。

ただし、一部にガラス（額入り建具）がはめ込まれている場合は、**設計寸法による面積**とする。

また、ガラス周囲のシーリングは断面寸法ごとにガラスの設計寸法に基く周長を計測・計算する。
（例）フロート板ガラス　厚5mm　2.18m² 以下

④塗装

材質により保護や装飾のために塗装される場合がある。

塗装は適切な統計値により計測・計算する。

建具面積に塗装係数（『建築数量積算基準・同解説』平成23年版、p.220〜221参照）を乗じて算出し、塗装工事に計上する。

AW-1

図2・61より内法寸法　W3.67×H1.20

ガラス面積については方立見付幅W＝70でW＝100以下のため建具面積と同面積とする。

ガラスシーリングは2×W＋8×Hとする。

建具周囲シーリング及びモルタルは2×（W＋H）とする。

WD-1

図2・61より内法寸法　W0.80×H1.90

塗装は建具面積に建具塗装係数（片開きフラッシュドア）

両面2.9を乗ずる。

記号　場所	（AW/1）　事務室　応接室　所長室　大会議室　コンピュータールーム	（WD/1）　1階事務室
姿図	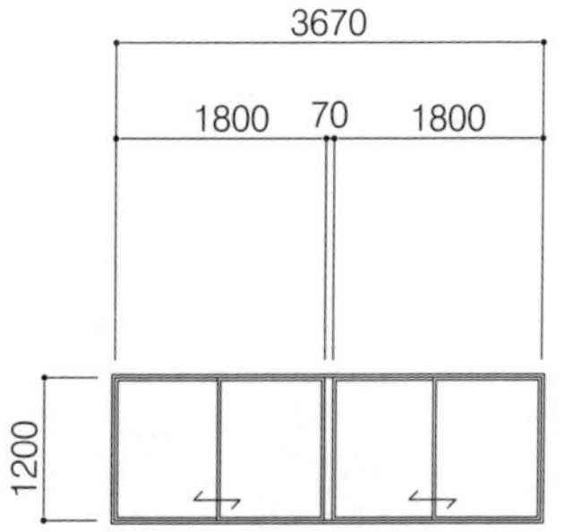 3670 / 1800　70　1800 / 1200	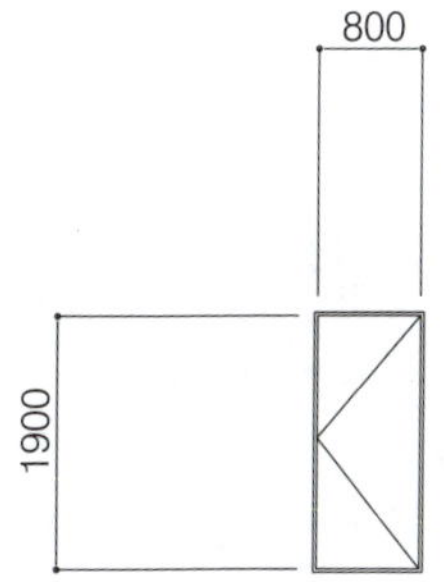 800 / 1900
形式	引違い窓	片開きフラッシュ戸
見込	70	33
仕上　塗装	アルミ　ジュラクロン焼付	合板　t4　SOP
ガラス	フロートガラス　t5	
金物	クレセント・車戸・他	丁番・ドアチェック・戸当
		握玉付シリンダー錠　他
備考	サラン網戸	

図2・61　建具表（BSIビルの図面を一部修正）

| 06 | 間仕切下地

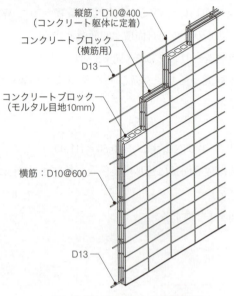

縦筋：D10@400
（コンクリート躯体に定着）

コンクリートブロック
（横筋用）

D13

コンクリートブロック
（モルタル目地10mm）

横筋：D10@600

D13

コンクリートブロック造間仕切
（鉄筋の入る空洞部は、モルタル充填）

間仕切下地とは、各室を区画する壁の骨組下地をいう（図2・62）。

■ 間仕切下地の種類

1. コンクリート
   （基本的に躯体工事として扱い、間仕切下地としては計測の対象としない）
2. 既製コンクリート
   （コンクリートブロック、ALC版、PC版、押出成形セメント板など）
3. 木造
4. 軽量鉄骨
   （LGS、耐火間仕切、遮音間仕切など）

頭つなぎ：90×45
（梁、スラブ等にアンカーで固定）

間柱：60×36
@450

柱：60×60
@1800

胴縁：90×24
（板継ぎ位置）

胴縁：45×24
@300

かい木：30×24

土台：90×45
（スラブ等に
アンカーで固定）

壁下地・仕上

木造間仕切

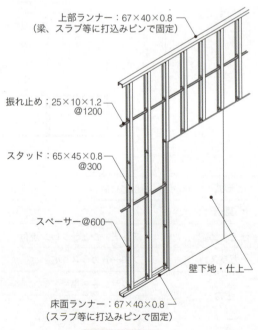

上部ランナー：67×40×0.8
（梁、スラブ等に打込みピンで固定）

振れ止め：25×10×1.2
@1200

スタッド：65×45×0.8
@300

スペーサー@600

壁下地・仕上

床面ランナー：67×40×0.8
（スラブ等に打込みピンで固定）

軽量鉄骨間仕切

図2・62　間仕切下地の種類

❷間仕切壁の積算

　間仕切下地とは、床下地、天井下地とは異なり、天井部分のふところ、天井高さの相違から、壁仕上げから切り離して計測・計算する（図2・63）。

　材種ごとに、材質、工法、寸法などにより区分し、面積または枚数などで計上する。

　また、釘、金物、モルタル、接着材等は間仕切下地の構成部材と考え、計測・計算の対象とはしない。
(例)軽量鉄骨壁下地　スタッド65形　@300　直張り用

　間仕切下地の数量は**躯体及び準躯体の内法寸法による面積**とする。

　面積＝**（長さ×高さ）－（開口部面積）**

　長さ：躯体及び準躯体の内法寸法

　高さ：当該階の床板上面から直上階の床板下面（または梁下面）等の内法寸法

▶**準躯体**　間仕切壁は「準躯体」として扱う。各室を区画する目的は躯体としての壁と同じであるが、考え方をコンクリートの躯体に対して準躯体とする。

❸材種による間仕切壁の積算

1. **コンクリートブロック**は強度、仕上別、厚さごとに面積で計上する。

　また、コンクリートブロックの補強鉄筋及び充填コンクリート等は間仕切下地の構成部材と考え、計測・計算の対象としない。

　（ブロック等の価格に含まれている）

2. **ALC版**等は構法、張り方、厚さごとに面積で計上する。

　また、シーリングは、他部材との取り合いは計測・計算し計上するが、パネル目地については計測・計算の対象とはしない。

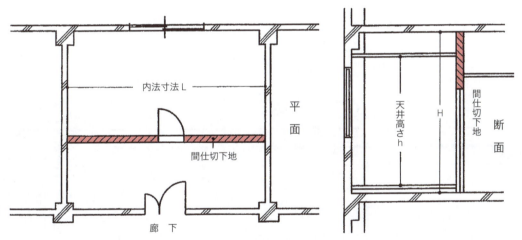

　間仕切下地面積＝**(L×H)－開口部面積**　ただし、開口部面積＞0.5m² のとき

図2・63　間仕切下地の計測対象 (出典：『建築数量積算基準・同解説』平成23年版、p.118)

表2・21　スタッド式軽量鉄骨間仕切の計測対象区分 (出典：『建築数量積算基準・同解説』平成23年版、p.121)

施工高さ（m）	スタッド幅（mm）
2.7 以下	50（50形）
4.0 以下	65（65形）
4.0 以下	75（75形）
4.5 以下	90（90形）
5.0 以下	100（100形）

	スタッド間隔（mm）
下地張りのある場合	@450
仕上材を直張りする場合	@300

（パネルの取り付け工事範囲に含まれている）

3. **木造**は断面ごとに面積で計上する。

ただし、材料と施工手間に分離し、木材の数量が必要な場合、設計寸法を m 単位に切り上げた長さに断面を乗じて体積を算出し、5％の割増を考慮し、所要数量とする。

または適切な総計値により算出することができる。

4. **スタッド式軽量鉄骨間仕切**はスタッド幅及びスタッド間隔ごとに面積で計上する。

設計図書で指示のない場合は一般的に表 2・21 により区分する。

5. **軽量鉄骨間仕切**は金属工事として扱うが、耐火間仕切壁などはボードと一体施工となる場合があるため、ボードを含めた面積を算出し、内外装工事

に計上する。

6. ALC 版、軽量鉄骨間仕切等の場合、開口部のための補強を別途算出計上する。

❹ 事例解説

LGS スタッド 65 形 @ 450

Y2 － X1 ～ 4 間（図 2・64、図 2・65）

① （通芯寸法－壁厚）18.95 － 2 × 0.09 ＝ 18.77

② （階高－R 階スラブ厚）2.90 － 0.15 ＝ 2.75

③ （建具内法寸法 × 建具員数）

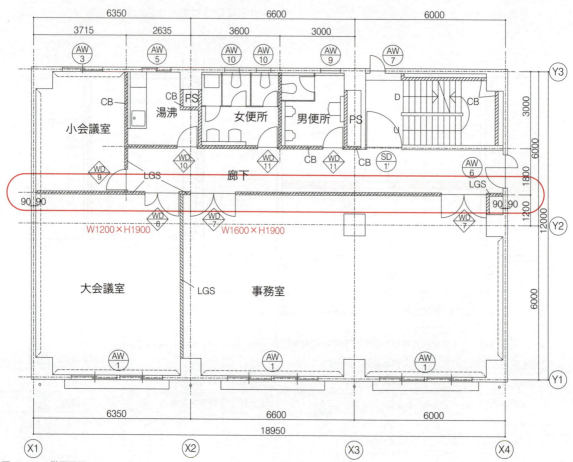

図 2・64　3 階平面図 (BSI ビルの図面を一部修正)

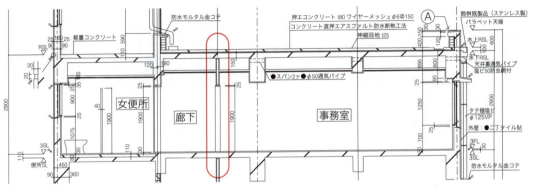

図 2·65　3 階断面詳細図（BSI ビルの図面を一部修正）

表 2·22　仕上積算

3 階	事務室廻り間仕切壁								( )
床			壁			天井			その他
仕上	計算	数量	仕上	計算	数量	仕上	計算	数量	
			LGS65 @450						
			Y2/X1－4	①　　② 18.77×2.75	51.62				
			WD －7	③ 1.60×1.90×2	△ 6.08				
			WD －8	③ 1.20×1.90×1	△ 2.28				
					43.26				

| 07 | 仮設工事の積算

仮設工事は、直接仮設と共通仮設に区分されるが、建設会社（施工者側）で積算する場合と、積算事務所などが公共工事の予算書を作成するために積算する場合などでは大きく手法が異なる。

建設会社（施工者側）では仮設計画を立案し、必要な項目ごとで詳細に積み上げる積算を行うことが一般的であるが、積算事務所などが行う予算書作成用の仮設積算では、想定される標準的な内容を過去の実績などから判断して積算する場合がほとんどである。

両者の積算手法で大きな違いがある理由は、仮設は発注者から指定される指定仮設と施工者が自社の工法などに合わせて設置する任意仮設に区分されるからである。一般的に、仮設工事の内容のほとんどが任意仮設である。

したがって積算事務所などが行う仮設積算では、仮囲いや外部足場などの一般的に必要とされる項目と、過去の実績から適切と思われる統計値などにより算出された工事費を加算して算出する。以降、積算事務所などが仮設工事の積算を行う場合の概要を解説する。

❶共通仮設

共通仮設は、特定の工事科目に限定された費用ではない。例えば、各工事材料（鉄筋や型枠 etc.）などを吊り上げるクレーンは、その建物の工事全体に使用する材料（建設資材や設備機器）などを吊り上げるために必要である。同様に敷地周囲の仮囲いも、その現場全体に関係する費用であり、特定の工事科目に限定された費用ではない。これらの費用を共通仮設費と呼び、それぞれの標準的な項目は下記「標準的な項目」のとおりとなる。

共通仮設は、建物の完成後になくなってしまうことは直接仮設と同じだが、費用を算出する手法は、仮囲いやシートゲート、ガードマンなどの警備費を個々の案件で必要とする内容で積み上げる場合が多い。他の標準的な項目（下記）は、適切な統計値から算出された比率を直接工事費に掛けて算出する場合がほとんどである。

標準的な項目
- 準備費
- 仮設建物費（監理事務所、現場事務所、他）
- 工事施設費（仮囲い、工事用道路、他）
- 環境安全費（安全標識、安全管理要員、他）
- 動力用水光熱費
- 屋外整理清掃費
- 機械器具費（共通的な工事用機械器具＝タワークレーン、他）

❷直接仮設

例えば外装工事でタイルを張る場合などに利用するために、外部に足場を組み上げる費用などは、外装工事そのものに必ず必要になる。また、鉄骨足場なども同様であるが、鉄骨工事だけに使用するため専用仮設と呼ばれ、それぞれ該当する工事科目で計上される。

下記に代表的な直接仮設の項目を記載するが、それぞれの数量は仮設材そのものを算出するのではなく、建築面積や延床面積で算出される内容が多い。

＊遣方（やりかた）＝建築面積

基礎工事にかかる前に、柱芯や壁の中心などの水平位置を標示するために、建物の四隅や要所

に遣方杭と呼ばれる杭を打ち込むこと。

＊墨出し＝延床面積

床、柱、壁などに工事中に必要な通り芯や高さの位置を表示すること。

＊養生＝延床面積

既に工事ができ上がった部分などが、汚れや傷

が付かないように保護すること。

＊整理清掃後片付け＝延床面積

屋内や屋上の片付けや清掃をすること。

＊外部足場＝建築物の外壁面から 1.0m を足場の中心として計測・計算する。通常は、建築物の外周長さに 8.0m（四隅分）を加算した水平長さ

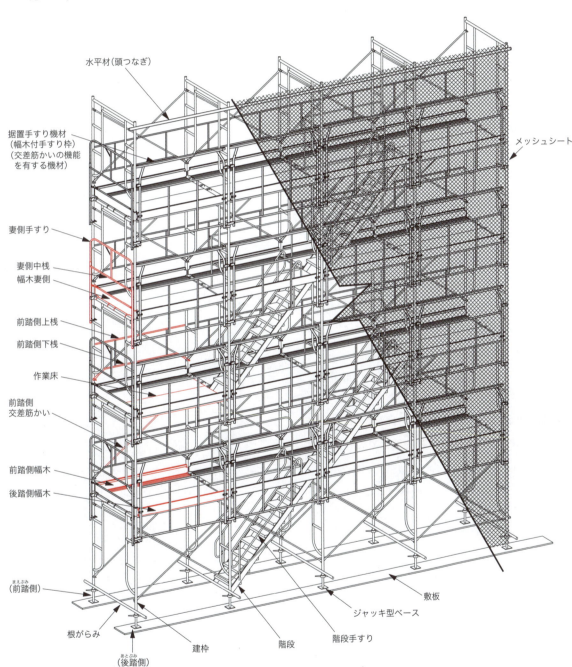

水平材（頭つなぎ）

据置手すり機材
（幅木付手すり枠）
（交差筋かいの機能を有する機材）

妻側手すり

妻側中桟
幅木妻側

前踏側上桟

前踏側下桟

作業床

前踏側
交差筋かい

前踏側幅木

後踏側幅木

（まえぶみ）
（前踏側）

根がらみ

（あとぶみ）
（後踏側）

建枠

階段

階段手すり

ジャッキ型ベース

敷板

メッシュシート

図2・66 外部足場の例（資料提供：日綜産業株式会社）

に建物上部までの高さを掛けて算出する。

＊**内部足場**＝延床面積

内部の天井や壁の工事を行うために設置する。

＊**地足場**＝建築面積

基礎工事のために設置する。

以上、仮設は建物を建築するために一時的に必要なもので、完成までに撤去されてしまう。しかしながら、建設会社にとっては、その良し悪しが安全性や作業性も左右する非常に重要な要素となる。

❸外部足場算出例（BSI ビル図面より）

建物の外壁面から 1.0m を足場の中心とし、建物上部までの高さを掛けて算出する。

※図 2・45（p.65）より、

$X1-X4 = 18.95m + 0.09m \times 2$（W180 壁芯）$+ 1.0m \times 2$

$= 21.13m$

同様に、

$Y1-Y3 = 12.00m + 0.09m \times 2 + 1.0m \times 2 = 14.18m$

建物高さは図 2・48（p.68）より、

GL からパラペット天まで、10.55m

以上より、外部足場は

$(21.13m \times 2 + 14.18m \times 2) \times 10.55m = 745.04m^2$

$\rightarrow 745m^2$

前述のとおり、一般的な矩形の建物の場合は、

（建物外周長さ＋ 8.0m）×建物上部までの高さ

となる。

| 01 | 鉄骨造

鉄骨造には構造種別により、鉄骨鉄筋コンクリート造（SRC造）、鉄骨造（S造）などがある。鉄骨は、ボルト及び溶接等を含むものとする。

1 材料について

❶鋼材

鋼材の形状・材質による主な分類は表3・1、表3・2、図3・1のとおりである。

表3・1　形状による主な分類　（出典：日本積算協会『鉄骨工事ガイドブック』p.63-66を参考に筆者作成）

種類	形状
鋼鈑	板状の鋼材である。 板の厚みや形状・材質・製造法・用途等により多くの種類がある。 3mm未満を薄板、3mm以上6mm未満を中板、6mm以上を厚板という。
棒鋼	断面が円形・正方形・六角形などの形をした棒状の鋼材である。 主にブレースなどに使用される。
平鋼（フラットバー）	長方形の断面をした板状の鋼材。 厚さ3～25mm、幅9～300mm程度。
形鋼	断面形状によってI形鋼、H形鋼、山形鋼、溝形鋼など多種多様なものがある。
I形鋼	I形の断面形状をもつ形鋼である。
H形鋼	断面がH形で、I形鋼に比べてフランジの幅が広い。 フランジ幅（B）と成（H）の比により、 B/H＝1のものを広幅、 B/H＝1/2以下、かつB≦200mmのものを細幅、 それ以外のものを中幅という。
外法一定H形鋼	H形鋼で外法寸法を一定化した製品。
溶接H形鋼（ビルトH、BH）	鋼板をH形鋼形状に溶接したもの。
山形鋼（アングル）	L形の断面形状をもつ形鋼。 フランジの幅や厚みの等・不等によって等辺山形鋼、不等辺山形鋼などがある。
溝形鋼（チャンネル）	コ形の断面をもつ形鋼。
CT鋼（カットティー）	H形鋼を半割にし、T形鋼にしたもの。
鋼管	製造法により、継ぎ目無し鋼管と、溶・鍛接鋼管とに大別される。
建築構造用炭素鋼鋼管（STKN、STK）	鋼板を円形に冷間成形し、継目を高周波溶接（電縫鋼管）したもの。
遠心力鋳鋼管（SCW）	溶鋼を鋳型に入れ高速回転して製造した、継目なしの鋳鋼。
大径鋼管	鋼板を溶接してつくる大口径（1300～1800mm）の鋼管。
角形鋼管	製造法によりロール材・プレス材・溶接組立材に分けられる。
一般構造用角形鋼管（STKR）	電縫鋼管を角形にプレス成形したもの。
ロール成形角形鋼管（BCR295）	SN材同等の鋼管を連続的にロール成形したもの。
プレス成形角形鋼管（BCP235、BCP325）	SN材と同等の鋼板をロの字、コの字にプレス成形後、溶接したもの。
溶接組立柱	肉厚、大断面の柱を作るため、4枚の厚板を溶接したもの。
軽量形鋼	厚さ4mm未満の薄鋼板を冷間圧延することによって形成される形鋼。 リップZ形鋼、リップ溝形鋼、ハット形鋼、軽山形鋼、軽Z形鋼、軽溝形鋼。

第3章　その他の積算

表 3・2　材質による分類 (出典：日本積算協会『鉄骨工事ガイドブック』p.54)

JIS 規格	種類	代表的記号	概要
G 3101 ：2010	一般構造用圧延鋼材	SS400 SS490 SS540	橋、船舶、車両等の構造物に、最も一般的に使用される鋼材で普通は SS 材と呼ばれている。
G 3106 ：2008	溶接構造用圧延鋼材	SM400A，B，C SM490A，B，C SM520B，C	橋、船舶、車両、タンク等の構造物に使用される溶接性の優れた鋼材。 A は靭性の規定がない。 B，C の順に規定靭性値が高くなる。
G 3114 ：2008	溶接構造用耐候性熱間圧延鋼材	SMA400AW，BW，CW SMA400AP，BP，CP SMA490AW，BW，CW SMA490AP，BP，CP	建築、橋等の屋外構造物に使用される溶接性と耐候性が優れた鋼材。 腐食の進行は、SS 材の 1/4 以下。
G 3136 ：2005	建築構造用圧延鋼材	SN400A SN400B SN400C SN490B SN490C	A 種は二次部材に使用される。 B 種は溶接性、塑性変形能力が保証されているもので、柱、大梁、筋かい等に用いられる。 C 種は B 種の性能のほかに、板厚方向に大きな引張力が作用する部位に使用される。
G 3138 ：2005	建築構造用圧延棒鋼	SNR400A SNR400B SNR490B	材質を SN 材と同等とした棒鋼である。 構造用アンカーボルトやターンバックルボルトに用いられる。 A、B 種の区分は SN 材と同様である。
G 3350 ：2009	一般構造用軽量形鋼	SSC400	建築等の構造物に使用される冷間成形の軽量形鋼、軽 Z 形鋼、軽山形鋼等がある。
G 3352 ：2003	デッキプレート	SDP1T SDP1TG SDP2 SDP2G SDP3	建築、土木、車両等の構造物に使用される冷間成形のデッキプレート。 SDP1TG，SDP2G は亜鉛めっきを施したものである。 SDP3 は耐候性鋼。
G 3353 ：1990	一般構造用溶接軽量 H 形鋼	SWH400	土木、建築等の一般構造物に使用され、高周波溶接により成形される。 軽量形鋼、SS 材と同程度の材質をもっている。
G 3444 ：2006	一般構造用炭素鋼鋼管	STK400 STK490	土木、建築、鉄塔、足場、杭、支柱等の構造物に使用される炭素鋼鋼管。 SS 材と同程度の材質をもっている。
G 3466 ：2006	一般構造用角形鋼管	STKR400 STKR490	土木、建築等の構造物に使用される角形鋼管。 上記の鋼管（STK）と同程度の材質をもっている。
G 3475 ：2008	建築構造用炭素鋼鋼管	STKN400W STKN400B STKN490B	材質を SN 材と同等とした円形鋼管である。 構造用部材として使用される。

注：平成 12 年建設省告示第 1446 号では、この表に掲げるもの以外に JIS G 5101（炭素鋼鋳鋼品）、JIS G 5102（溶接構造用鋳鋼品）、JIS G 5201（溶接構造用遠心力鋳鋼管）等が規定されている。

| 線材 | 棒鋼 | 平形鋼 | T 形鋼 | 不等辺山形鋼 | 等辺山形鋼 | 溝形鋼 | H 形鋼 | I 形鋼 |

図 3・1　鋼材の形状 (出典：日本積算協会『鉄骨工事ガイドブック』p.64)

2 ボルト

①普通ボルト

軽微な接合に使用する、SS400等の普通鋼材で作られたボルト。

②高力ボルト（ハイテンションボルト）

インパクトレンチにより、大きな締付け力で軸力を導入する（図3・2）。

(1)高力六角ボルト（JIS形）

F8T（亜鉛メッキボルトに使用）とF10Tが使用される。ボルト1本、ナット1個、座金2枚を1セットとして規定。

(2)特殊高力ボルト（トルシア形）

S10Tが使用される。ボルト1本、ナット1個、座金1枚を1セットとして規定。ピンテールと呼ばれる先端部分が破断するまで締め付ける。

(3)トルシア形超高力ボルト

S14Tが使用される。従来のボルト（F10T）の約1.5倍の設計耐力がある。

③ワンサイドボルト

手の届かない部分を有する鉄骨部材を接合する継手に使用する。片側から締め付けることが可能になっている（図3・3）。

④頭付スタッドボルト

鉄骨とコンクリートの結合やずれ止めに用いられる。

F10T、S10T 機械的性質による等級を示す記号
F：Friction（摩擦） S：Structural（構造） 10：引張強さ1000N/mm^{2}の略号 T：Tensile Strength（引張強さ）

3 溶接

①主な溶接継手

(1)**完全溶け込み溶接**

溶接部の強度が母材と同等になるように、母材の端部を規定の角度に切り取って突合せ溝（開先）をつくり、全断面を完全に溶け込ませた溶接（図3・4）。

裏はつり（ガウジング）方式と裏当て金方式がある。

裏はつり方式は、基本的に工場溶接で行われ、**裏当て金方式**は、片側からのみしか溶接作業ができない場合に行う。

(2)**部分溶け込み溶接**

片面または両面から溶接され、板厚すべてに溶け込みがおよばない溶接（図3・5）。

(3)**隅肉溶接**

鋼板同士をT形や重ねた状態で配置しその隅角部に溶接金属を溶着する（図3・6）。

(4)**フレア溶接**

丸みを帯びた部材の角に溶接を行う。

②主な溶接方法

(1)**アーク溶接**

空気中の放電現象（アーク放電）の熱を利用した溶接。

・**被覆アーク（手）溶接**

フラックス（被覆）を塗布した溶接棒と母材と

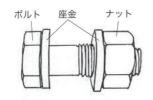

高力六角ボルト（JIS形）のセット

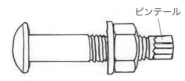

特殊高力ボルト（トルシア形）のセット
図3・2 高力ボルト

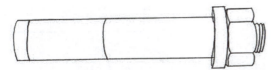

図3・3 ワンサイドボルトの外観

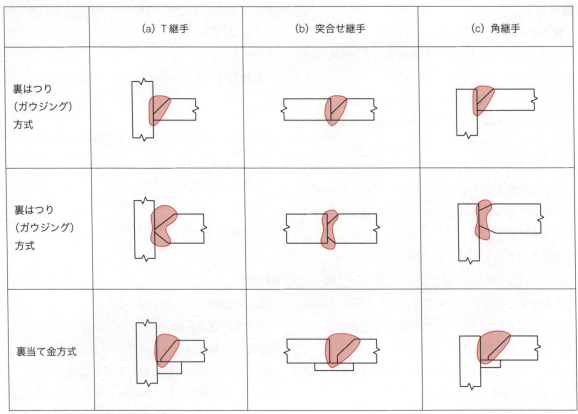

図3・4 主な完全溶け込み溶接継手（出典：日本積算協会『鉄骨工事ガイドブック』p.78）

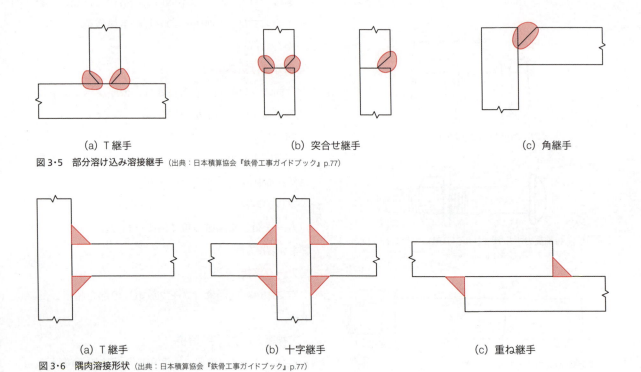

（a）T継手　　　　　　　（b）突合せ継手　　　　　　（c）角継手

図3・5 部分溶け込み溶接継手（出典：日本積算協会『鉄骨工事ガイドブック』p.77）

（a）T継手　　　　　（b）十字継手　　　　　（c）重ね継手

図3・6 隅肉溶接形状（出典：日本積算協会『鉄骨工事ガイドブック』p.77）

の間にアーク放電をさせて溶接を行う。

・**サブマージアーク（自動）溶接**

　フラックス材を溶接線上に沿って散布し、溶接ワイヤの先端と母材の間にアーク放電をさせて溶接を行う。

・**ガスシールドアーク（半自動)溶接**

　広く使用されている溶接法。二酸化炭素、不活性ガス、アルゴンガスなどで溶接部を大気と遮断し、溶接ワイヤの供給により溶接を行う。

・**セルフシールドアーク（半自動)溶接**

　フラックス入りワイヤを用いて外部からシールドガスの供給を得ないで行う溶接。

(2)エレクトロスラグ溶接

　溶接スラグ（溶接部に生じる非金属物質）と溶融金属とが溶接部から流れ出さないように周りを囲み、溶融したスラグ浴のなかに溶接ワイヤを連続的に供給する。

(3)スタッド溶接

　母材にスタッドと呼ばれるピン（ねじなど）やボルトなどの部品を接合する溶接方法。

4 その他

①錆止め塗装

　素地ごしらえ及び塗料の種類ごとに計測・計算する。原則として鉄骨部材表面の面積とする。

②溶融亜鉛メッキ

　JIS 規格上の種別、記号（付着量等による区分）ごとに計測・計算し重量計上とする。

③アンカーボルト

　・構造用アンカーボルト

　（構造耐力を負担するボルトで構造体の一部）

　・建方用アンカーボルト

　（構造耐力を負担しないボルトで建方用の仮設材）

④ベースモルタル

　鉄骨柱などでレベルの調整やベースプレート下面と基礎コンクリートを密着させるためにモルタルを施す。厚み、平面寸法ごとに計測・計算し箇所数にて計上する。

⑤耐火被覆

　耐火被覆材料の材種、材質、寸法、工法、耐火時間、部位（柱、梁など）により区分して計測・計算する。原則として、設計図書に基づき、耐火被覆材の

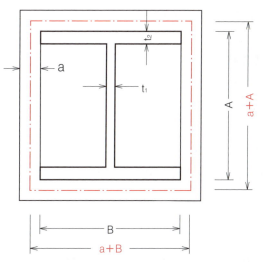

(注)耐火被覆の計測・計算は耐火被覆材の厚さの中心による。

図3・7　耐火被覆の例 （出典：『建築数量積算基準・同解説』平成 23 年版、p.116）

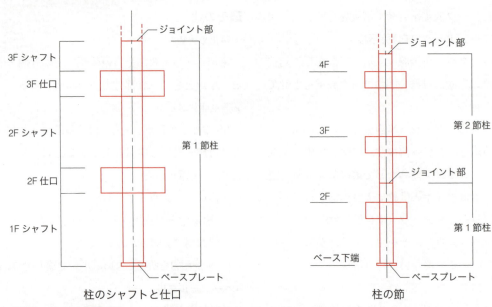

図3・8　柱の工場製作区分 （出典：日本積算協会『鉄骨工事ガイドブック』p.190、p.191）

厚さの中心寸法により計測・計算した面積とする（図3・7）。

2　鉄骨の部位

①柱

柱脚ベースプレート下端から最上階までの、柱として工場製作する部分。柱は梁などのように階ごとに区分するのではなく、ジョイント部ごとに節として区分する（図3・8）。

また、柱はシャフト部と仕口部に分かれる。

②間柱（まばしら）

原則として上下階の梁（小梁）と梁（小梁）に接続する部材。

③大梁、小梁

柱または梁に接する横架材。片持ち梁等もこれに準ずる。

④ブレース

鋼材で作られた筋交い補強材で、鉛直ブレース、水平ブレース等として使われる。

⑤階段

踊場（おどりば）、段板（だんいた）（踏板）、ササラ桁（けた）（階段を下から支える登り桁）及びこれに付随する部材。

⑥その他

雑鉄骨：柱、梁、ブレース、階段等に接合している部分でこれらの部分以外のもの。

付属物：設備スリーブ（配管を通すためのパイプ）、PC版受、ファスナー、デッキプレート受金物など

仮設金物：昇降タラップ、安全金物、架設金物など

鉄骨の各部分には名称が付いており、それらの名称を略記号で表現するのが一般的である（図3・9）。

3　鉄骨の計測・計算

①鉄骨造は柱、梁、ブレース、階段、その他の部位に区分され、計測・計算は、この順に行う。

②各部位では、主材（形鋼など）から付属材（ガセットプレート、スチフナー等）の順に行う。

	名称	略記号
①	アンカーボルト	A.B
②	ベースプレート	B.PL
③	テンプレート	TN.PL
④	アンカーフレーム	Af
⑤	ウェブプレート	W.PL
⑥	フランジプレート	F.PL
⑦	スプライスプレート	SP.PL
⑧	フィラープレート	FI.PL
⑨	スチフナープレート	SF.PL
⑩	パネルプレート	PN.PL
⑪	リブプレート	RB.PL
⑫	バンドプレート	Ba.PL
⑬	ガセットプレート	G.PL
⑭	カバープレート	CV.PL
⑮	ダイヤフラム	DF.PL
PL という記号は省略してもよい		

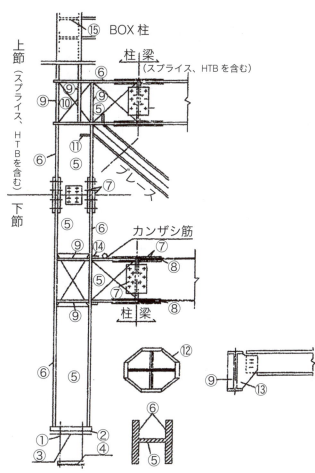

図 3・9　鉄骨部材の名称と略記号（例）（出典：日本積算協会『鉄骨工事ガイドブック』p.193）

③接合部材の積算上の重複、脱漏の防止のため、接合部材は原則として接合する「あとの部分」に含めることを規定している（図3・10）。

　柱：第1節の柱に第2節の柱を接合する場合のスプライスプレート、高力ボルト及び溶接など接合部材は第2節の部分として区別する。

　梁 1)：柱又は梁との接合する場合のスプライスプレート、高力ボルト及び溶接などの接合部材は当該梁の部分として区分する。

　　2)：小梁が取付く大梁のガセットプレート等は、小梁の部分として区分する。

　ブレース：柱又は梁に接合する場合の接合部材は当該ブレースの部分として区分する。

④柱、梁等の接合部で板厚の差が1mmを超える場合は、フィラープレートが入るものとして、計測・計算する（表3・3）。

⑤材料価格に対する数量は所要数量とする。設計数量に次の割増をすることを標準とする。

　　形鋼、鋼管及び平鋼　　　　　5%
　　広幅平鋼及び鋼鈑（切板）　　3%
　　ボルト類　　　　　　　　　　4%

⑥鋼材（形鋼、平鋼、鋼鈑等）の数量は、各部分について規格、形状、寸法等ごとに計測・計算した長さまたは面積をそれぞれ設計長さまたは面積とし、その設計長さまたは面積とJISに定める単位重量を乗じた質量とする。

　鋼鈑は原則として、設計寸法による面積を計測・計算する。ただし、複雑な形状のものはその

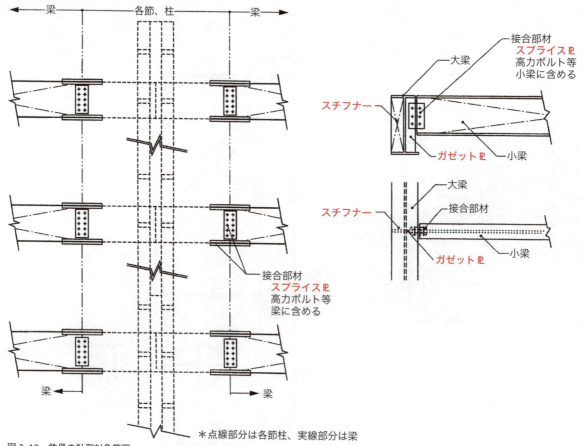

図 3・10　鉄骨の計測対象範囲 (出典:『建築数量積算基準・同解説』平成23年版、p.108)

表 3・3　フィラープレート (出典:『建築数量積算基準・同解説』平成23年版、p.112)

(単位:mm)

板厚の差	フィラープレート厚
1.1 〜 1.3	1.2
1.4 〜 1.9	1.6
2.0 〜 2.7	2.3
2.8 〜 3.8	3.2
3.9 〜 5.2	4.5
5.3　以上	6 以上の近い厚さ

その形状の面積に近似する長方形

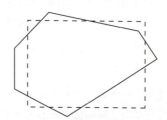

図 3・11　複雑な形状の計測 (出典:『建築数量積算基準・同解説』平成23年版、p.111)

面積に近似する長方形として計測・計算することができる(図3・11)。

　また、ボルト類のための孔明け、開先き加工、スカラップ及び柱、梁等の接合部のクリアランス等による鋼材の欠除は、原則としてないものとする。

▶スカラップ　溶接のための切欠き。溶接線の交差を避

けるために、一方の母材に設ける切欠き

⑦ボルト類等の数量は、原則として規格、形状、寸法ごとに個数または質量に換算して設計数量とする。高力ボルトの首下長さは締め付け長さ＋締め付け長さに加える長さとし、長さが5mm単位となるように2捨3入または7捨8入とする(図3・12)。

ボルトの呼び径	締付け長さに加える長さ（S）（単位：mm）	
	JIS形高力ボルト及び溶融亜鉛めっき高力ボルト	トルシア形高力ボルト
M12	25	－
M16	30	25
M20	35	30
M22	40	35
M24	45	40

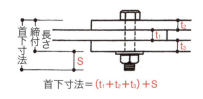

首下寸法 ＝ $(t_1 + t_2 + t_3) + S$

図3・12　高力ボルトの首下寸法（出典：『建築数量積算基準・同解説』平成23年版、p.110）

締め付け長さとは**締め付ける板厚の合計**とする。

⑧溶接の数量は、原則として種類に区分し、溶接断面ごとに長さを求め、**隅肉溶接脚長6mmに換算した延べ長さ**（『建築数量積算基準・同解説』平成23年版、p.208〜219）を数量とする。

4　事例解説

■1 柱

C_3（X3通－Y2通）第1節（図3・13）

①主材の長さについては、Y2通り軸組図より、2階の継手位置（図中J）までの第1節柱の範囲の長さとする。

シャフト部

1階主材：$4.000 + 0.450 - 0.032 - 0.150 - 0.600$
　　　　$= 3.668$m

2階主材：$1.000 + 0.150 = 1.150$m

②仕口部は柱主材部と接続する梁の継手位置までとする。

柱主材：ダイヤフラム間の長さ

　　　　$0.600 - 0.028 \times 2 = 0.544$m

接続する梁端部（継手位置まで）の長さ

　G_2：$1.200 - 0.400/2$

　　　　実例ではG_2は溶接H形鋼のため、ウェブ長さは上記によるが、フランジ長さは上記長さよりダイヤフラムの長さを減ずる。

　G_3：$1.000 - 0.400/2$

　G_4：$1.200 - 0.400/2$

③各部の溶接は各部材同士を接続するために必要な長さを溶接継手の種類、厚みごとに算出し、隅肉6mm換算による換算率（『建築数量積算基準・同解説鉄骨参考表』（**溶接延長換算表**）参照）にて、溶接長さを算出する。

▶**溶接延長換算表**　溶接換算表の板厚は溶接する板厚とするが、隅肉溶接については、接合するそれぞれの板厚の薄い方の板厚を対象板厚とする。

■2 大梁

G_2（Y2通－X2〜3通間）2階（図3・13）

①主材の長さについては、Y2通り軸組図より、X2〜3通間の継手位置（図中J）までの長さとする。継手位置から柱までの梁は柱の仕口部として積算する。

$6.000 - 1.200 \times 2 = 3.600$m

実例でG_2は溶接H形鋼（鋼板を溶接組立したもの）であるため、各鋼板厚ごとに面積を算出する。

フランジ　長さ$3.600 \times$フランジ幅0.25

ウェブ　　長さ$3.600 \times$（ウェブ成$0.600 -$上下フランジ厚0.025×2）

（H形鋼などの形鋼では長さの算出とする）

②継手部（図中J）については、柱仕口部梁と接合するスプライスプレート等は当該梁の部分（あとの部分）として積算する。

部材については梁継手リストより算出するが、箇所数に注意する。

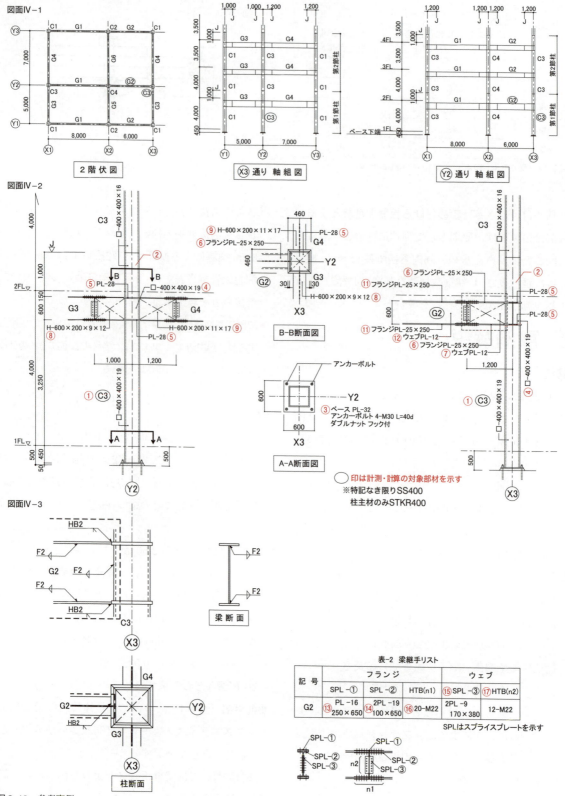

図面IV-1

C1 G1 C2 G2 C1
G4 G4
Y3
7,000
G1 G2
Y2 C3 C4 G6 C3 G2
5,000 G3 G5 G3
G1 G2
Y1 C1 C2 C1
8,000 6,000
X1 X2 X3

2 階 伏 図

1,000 1,000 1,200 1,200
J J J J
3,500
3,500 1,000
G3 G4
C1 C3 C1
4,000 G3 G4
C1 C3 C1
4,000 G3 G4
450 C1 C3
ベース下端
5,000 7,000
Y1 Y2 Y3

X3 通 り 軸 組 図

1,200 1,200 1,200 1,200
J J J J
4FL 3,500
1,000
G1 G2
3FL C3 C4 C3
4,000 G1 G2
2FL C3 C4 G2 C3
4,000 G1 G2
450 C3 C4 C3
8,000 6,000
X1 X2 X3

Y2 通 り 軸 組 図

図面IV-2

4,000
C3 □-400×400×16
J ②
2FL ⑤ PL-28 B B □-400×400×19 ④
600 150
G3 G4
H-600×200×9×12 H-600×200×11×17 ⑨
⑧ PL-28 ⑤
1,000 1,200
① C3 □-400×400×19
4,000
3,250
1FL A A
500 450
50 500
Y2

⑨ H-600×200×11×17 PL-28 ⑤
⑥ フランジPL-25×250
460
460 G4 Y2
G2 G3
30 30
X3 H-600×200×9×12 ⑧

B-B断面図

460

アンカーボルト
600 Y2
③ ベース PL-32
アンカーボルト 4-M30 L=40d
ダブルナット フック付
600
X3

A-A断面図

⑥ フランジPL-25×250
⑪ フランジPL-25×250
C3 □-400×400×16
② PL-28 ⑤
600 G2 PL-28 ⑤
⑪ フランジPL-25×250
⑫ ウェブPL-12
⑥ フランジPL-25×250
⑦ ウェブPL-12
1,200
① C3 □-400×400×19 ④
500
X3

○印は計測・計算の対象部材を示す
※特記なき限りSS400
　柱主材のみSTKR400

図面IV-3

HB2
F2
G2 F2
F2
HB2
C3
X3

F2
F2
梁 断 面

G4
G2 Y2
HB2 G3
X3

柱 断 面

表-2　梁継手リスト

記 号	フランジ			ウェブ	
	SPL-①	SPL-②	HTB(n1)	⑮ SPL-③	⑰ HTB(n2)
G2	⑬ PL-16 250×650	⑭ 2PL-19 100×650	⑯ 20-M22	2PL-9 170×380	12-M22

SPLはスプライスプレートを示す

SPL-①
SPL-②
SPL-③

SPL-①
SPL-②
SPL-③
n2
n1

図 3・13　参考事例（出典：平成 27 年度　建築積算士試験　二次試験　実技問題　問題IV　1/3、2/3、3/3）

98

鉄骨積算　　　　　　　　　　　　　　　　　　　　　　　　　　　　　　　　　　　　（　　　　　）

名称		形状・寸法	計算		か所	□-400×400×16 STKR400	□-400×400×19 STKR400	H-600×200×9×12 SS400	H-600×200×11×17 SS400	PL-28 SS400	PL-32 SS400	BPL-12 SS400	BPL-25 SS400	A.B-M30 L=40d SS400	モルタル t=50 600×600
柱		1節　C3-1台　(X3-Y2)													
(主材)		＜本文①＞													
1F	主材	□　400×400×19(STKR400)	3.668		1		3.67								
①		長さ：階高 4.000 ＋ベース下端高さ 0.45 －ベース厚 0.032 － 2 階梁下り 0.150 －仕口高さ 0.600 ＝ 3.668													
2F	主材	□　400×400×16(STKR400)	1.150		1	1.15									
②		長さ：ジョイント高 1.000 ＋ 2 階梁下り 0.150 ＝ 1.150													
(ベース)	B.PL	PL　32	0.600	0.600	1						0.36				
③	A.BOLT A.B	M30　L=40d(SS400)			4	1									4	
ベース下	モルタル	t=50　600×600			1	1										1
		A-A 断面図より														
(仕口)		＜本文②＞													
④	主材	□　400×400×19(STKR400)	0.544		1		0.54								
		長さ：仕口高さ 0.600 －上下ダイヤフラム厚 0.028×2 ＝ 0.544													
2F ⑤	DF.PL	PL　28(SS400)	0.460	0.460	2	1					0.42				
		B-B 断面図より　　上下ダイヤフラム													

No ＿＿＿＿＿

鉄骨積算　　　　　　　　　　　　　　　　　　　　　　　　　　　　　　　　　　　　（　　　　　）

名称		形状・寸法	計算		か所	□-400×400×16 STKR400	□-400×400×19 STKR400	H-600×200×9×12 SS400	H-600×200×11×17 SS400	PL-28 SS400	PL-32 SS400	BPL-12 SS400	BPL-25 SS400	A.B-M30 L=40d SS400	モルタル t=50 600×600
柱		1節　C3-1台　(X3-Y2)														
2F 2G2	F.PL	BPL　25(SS400)	0.970	0.250	2	1								0.49		
⑥		一般の鋼板(PL)に対して、溶接 H 形鋼(ビルト H)の構成鋼板を分ける場合もある。														
		G2 主材(端部)の上下フランジプレート　長さ：1.200－柱幅 0.400/2－ダイヤフラム出幅 0.030＝0.970、幅：0.250(フランジ幅)														
2F 2G2	W.PL	BPL　12(SS400)	1.000	0.550	1								0.55			
⑦		G2 主材(端部)のウエブプレート　長さ：1.200－柱幅 0.400/2＝1.000、幅：0.600(断面寸法)－上下フランジ厚 0.025×2＝0.550														
2F 2G3	主材	H　600×200×9×12(SS400)	0.800		1			0.80							
⑧		G3 主材(端部)の主材　長さ：1.000－柱幅 0.400/2 ＝ 0.800														
2F 2G4	主材	H　600×200×11×17(SS400)	1.000		1				1.00						
⑨		G4 主材(端部)の主材　長さ：1.200 －柱幅 0.400/2 ＝ 1.000														
						1.15	4.21	0.80	1.00	0.42	0.36	0.55	0.49	4	1

No ＿＿＿＿＿

鉄骨積算

名称		形状・寸法		計算		か所													WELD		
																			長さ	換算係数	換算長さ
																			m	k	m
柱		1 節　C3－1 台　(X3－Y2)																			
(溶接)		<本文③>																			
主材	B.PL	HT1	19	①－③	0.400	4	1	C3(1F)主材とベースプレートの接合											1.60	12.81	20.50
	DF.PL	HT1	19	①－⑤	0.400	4	1	C3(1F)主材と仕口部ダイヤフラム下の接合											1.60	12.81	20.50
	DF.PL	HT1	16	②－⑤	0.400	4	1	C3(2F)主材と仕口部ダイヤフラム上の接合											1.60	9.84	15.74
仕口	DF.PL	HT1	19	④－⑤	0.400	4	2	1	C3(仕口部)主材と仕口部ダイヤフラム上下の接合										3.20	12.81	40.99
G2 F.PL	DF.PL	HB2	25	⑤－⑥	0.250	2	1	C3(仕口部)ダイヤフラムと G2 フランジプレートの接合											0.50	19.65	9.83
G2 W.PL	C3	F2	12	④－⑦	0.550	1	1	C3(仕口部)主材と G2 ウエブプレートの接合											0.55	4.50	2.48
								長さ：G2 梁成 0.600 － G2 フランジ厚 0.025×2 ＝ 0.550													
G3 F.PL	DF.PL	HB2	12	⑤－⑧	0.200	2	1	C3(仕口部)ダイヤフラムと G3 H 形鋼フランジの接合											0.40	7.00	2.80
G3 W.PL	C3	F2	9	④－⑧	0.576	1	1	C3(仕口部)主材と G3 H 形鋼ウエブの接合											0.58	2.72	1.58
								長さ：G3 梁成 0.600 － G3 フランジ厚 0.012×2 ＝ 0.576													
G4 F.PL	DF.PL	HB2	17	⑤－⑨	0.200	2	1	C3(仕口部)ダイヤフラムと G4 H 形鋼フランジの接合											0.40	10.72	4.29
G4 W.PL	C3	F2	11	④－⑨	0.566	1	1	C3(仕口部)主材と G4 H 形鋼ウエブの接合											0.57	3.56	2.03
								長さ：G4 梁成 0.600 － G4 フランジ厚 0.017×2 ＝ 0.566													
																					120.74

No

事例で G_2 の継手部は X2, 3 通り側の 2 か所、フランジ SPL －①についてはフランジ上下に各 1 か所、継手 2 か所で計 4 か所となる。

❸ 鋼材の内訳明細書計上について

　鋼材については、数量積算において鋼材ごとの長さ (m)、面積 (m²) を算出・集計し、その長さ (m)、面積 (m²) に単位重量 (kg/m または kg/m²) を乗じ、重量 (t) を算出する。

　内訳明細書には、上記によって算出された重量 (設計数量) に割増を加算し、所要数量として計上する。

例) 表 3・4　柱集計表 1，2 より　□－400×400×19

　長さ 4.21m×単位重量 220kg/m＝0.93t …設計数量

　設計数量 0.93t×割増率 1.05%＝0.98t …所要数量

❹ 内訳明細書の構成

　一般的に内訳明細書には、以下のような項目を計上し、構成する。

本体鉄骨

　①材料：鋼材、ボルト

　②工場加工：工場加工、工場溶接、錆止め塗装

　③現場取付：高力ボルト本締め、現場溶接

　④運搬

　⑤建方：建方手間、建方機械

付帯鉄骨

鉄骨階段等

その他

　スタッドボルト

　デッキプレート

　スリーブ補強

　アンカーボルト据付

　ベースモルタル

　超音波探傷試験

　耐火被覆　　など

表3·6　大梁集計表

鉄骨積算

名称		形状・寸法		計算		か所		PL-9	PL-16	PL-19	BPL-12	BPL-25	M22 L=65	M22 L=95	WELD 長さ	換算係数	換算長さ
								SS400	SS400	SS400	SS400	SS400	S10T	S10T	m	k	m
大梁		2階　G2-1台（Y3-X2〜3）															
（主材）	（鋼材）	＜本文①＞															
⑪ F.PL	BPL	25（SS400）		3.600	0.250	2	1					1.80					
		一般の鋼板（PL）に対して、溶接H形鋼（ビルトH）の構成鋼板を分ける場合もある。															
		G2主材（中央部）の上下フランジプレート　長さ：6.000-1.200×2＝3.600（伏図、軸組図等より）、幅：0.250（フランジ幅）															
⑫ W.PL	BPL	12（SS400）		3.600	0.550	1	1				1.98							
		G2主材（中央部）のウェブプレート　長さ：フランジプレートと同じ、幅：0.600（断面寸法）-上下フランジ厚0.025×2＝0.550															
	（溶接）																
W.PL	F2	12		3.600		2	1								7.20	4.50	32.40
⑪-⑫		G2主材（中央部）のウェブプレートとフランジプレートの接合　長さ：3.600（ウェブプレート長さより）															
（継手部）	（鋼材）	＜本文②＞															
F.PL	SPL-1	PL　16（SS400）		0.250	0.650	4	1		0.65								
⑬		梁継手リスト SPL-①より															
F.PL	SPL-2	PL　19（SS400）		0.100	0.650	8	1			0.52							
⑭		梁継手リスト SPL-②より															
W.PL	SPL-3	PL　9（SS400）		0.170	0.380	4	1	0.26									
⑮		梁継手リスト SPL-③より															

No

鉄骨積算

名称		形状・寸法		計算		か所		PL-9	PL-16	PL-19	BPL-12	BPL-25	M22 L=65	M22 L=95	WELD 長さ	換算係数	換算長さ
								SS400	SS400	SS400	SS400	SS400	S10T	S10T	m	k	m
大梁		G1-1台（Y2-X1〜2）															
（継手部）	（ボルト）																
F.PL	SPL-1,2	HTB　M22　L=95　（S10T）		20	4		1							80			
⑯		梁継手リスト フランジより　ボルトL=締付（25（フランジ厚）+16（SPL-1スプライスプレート厚）+19（SPL-2スプライスプレート厚））+締め付け長さに加える長さ（35）＝95															
W.PL	SPL-3	HTB　M22　L=65　（S10T）		12	2		1						24				
⑰		梁継手リスト ウエブより　ボルトL=締付（12（ウエブ厚）+9（SPL-2スプライスプレート厚）×2+締め付け長さに加える長さ（35）＝65															
								0.26	0.65	0.52	1.98	1.80	24	80			32.40

No

表3・7 内訳明細書

鉄骨工事

名称	摘要	数量	単位	単価	金額	備考
(1) 本体鉄骨						
切板鋼板	SS400 PL-6		t			所要数量
切板鋼板	SS400 PL-9		t			所要数量
切板鋼板	SS400 PL-12		t			所要数量
H形鋼	SS400 H-600×200×11×17		t			所要数量
等辺山形鋼	SS400 L-65×65×6		t			所要数量
平鋼	SS400 FB-6×50		t			所要数量
一般構造用角形鋼管	STKR400 □-400×400×16		t			所要数量
アンカーボルト	SS400 M30 L=600		t			設計数量
高力ボルト	S10T M22 L=65		t			所要数量
鉄骨スクラップ控除			t			
工場加工組立			t			設計数量
工場溶接	隅肉6mm換算		m			
工場錆止め塗装	JIS K5621		m²			
溶融亜鉛めっき	HDZ50		t			

鉄骨工事

名称	摘要	数量	単位	単価	金額	備考
鉄骨運搬			t			
現場建方			t			
現場溶接	隅肉6mm換算		m			
アンカーボルト据付	M30 L=600		本			
高力ボルト本締め			本			
柱底均しモルタル	t=50 W600×D600		か所			

表3・8　単位重量表（H形鋼、鋼板）

呼称			寸法（mm）				重量 (kg/m)
			H：ウェブ成	B：フランジ幅	t₁：ウェブ厚	t₂：フランジ厚	

広幅H形鋼

呼称			H：ウェブ成	B：フランジ幅	t_1：ウェブ厚	t_2：フランジ厚	重量 (kg/m)
100	×	100	100	100	6	8	16.9
125	×	125	125	125	6.5	9	23.6
150	×	150	150	150	7	10	31.1
175	×	175	175	175	7.5	11	40.4
200	×	200	200	200	8	12	49.9
250	×	250	250	250	9	14	71.8
300	×	300	300	300	10	15	93.0
350	×	350	350	350	12	19	135.0
400	×	400	400	400	13	21	172.0

中幅H形鋼

呼称			H	B	t_1	t_2	重量 (kg/m)
150	×	100	148	100	6	9	20.7
200	×	150	194	150	6	9	29.9
250	×	175	244	175	7	11	43.6
300	×	200	294	200	8	12	55.8
350	×	250	340	250	9	14	78.1
400	×	300	390	300	10	16	105.0
450	×	300	440	300	11	18	121.0
500	×	300	488	300	11	18	125.0
600	×	300	588	300	12	20	147.0
700	×	300	700	300	13	24	182.0
800	×	300	800	300	14	26	207.0
900	×	300	900	300	16	28	240.0

細幅H形鋼

呼称			H	B	t_1	t_2	重量 (kg/m)
150	×	75	150	75	5	7	14.0
175	×	90	175	90	5	8	18.0
200	×	100	200	100	5.5	8	20.9
250	×	125	250	125	6	9	29.0
300	×	150	300	150	6.5	9	36.7
350	×	175	350	175	7	11	49.4
400	×	200	400	200	8	13	65.4
450	×	200	450	200	9	14	74.9
500	×	200	500	200	10	16	88.2
600	×	200	600	200	11	17	103.0

鋼板

厚さ1mmを7.85kg/m²とする。

例）厚さ6mm ＝ 6mm × 7.85kg/m² ＝ 47.10kg/m²

表 3・9　単位重量表（一般構造用角形鋼管［正方断面］）

寸法（mm）			重量
A：断面寸法	B：断面寸法	t：厚	(kg/m)
200 × 200		6	35.8
200 × 200		8	46.9
200 × 200		9	52.3
200 × 200		12	67.9
200 × 200		14	77.8
200 × 200		16	87.3
250 × 250		6	45.2
250 × 250		9	66.5
250 × 250		12	86.8
250 × 250		16	112.0
250 × 250		19	131.0
300 × 300		6	54.7
300 × 300		9	80.6
300 × 300		12	106.0
300 × 300		16	138.0
300 × 300		19	160.0
350 × 350		9	94.7
350 × 350		12	124.0
350 × 350		16	163.0
350 × 350		19	190.0
350 × 350		22	217.0
400 × 400		9	109.0
400 × 400		12	143.0
400 × 400		16	188.0
400 × 400		19	220.0
400 × 400		22	251.0
450 × 450		9	123.0
450 × 450		12	162.0
450 × 450		16	213.0
450 × 450		19	250.0
450 × 450		22	286.0
500 × 500		9	137.0
500 × 500		12	181.0
500 × 500		16	238.0
500 × 500		19	280.0
500 × 500		22	320.0
550 × 550		12	200.0
550 × 550		16	263.0
550 × 550		19	310.0
550 × 550		22	355.0

| 02 | 木造

本節は、町場の一般工務店や設計事務所での木造住宅（在来軸組構法）の積算・見積のうち「建築数量積算基準」に定めのない木造軸組の数量算出方法を主な内容とする。木造建築でも、基礎工事や内外装工事などは、規模や下地の違い等があって適用する単価が異なるものの、数量算出の考え方はRC造と同じである。これらは他章を参照いただきたい。

最初に、事業の段階に応じた積算の種類を示す。そして、積算を行う前提条件となる部材名称を木造軸組について確認する。次に柱と胴差を取り上げ、木造住宅の軸組を構成する垂直材と水平材（横架材）について「一本拾い」の手法で数量算出する例を示す。最後に、見積書の構成についても触れておく。

多種多様な部材を適材適所に組み合わせるのが木造建築の特徴だが、部材の種類が多い上に、スパンや区画も細かく割るので、部材の数量も多くなり、積算でも手間が掛かる。本書での説明は、一部の部材に留めるが、これらが理解できれば他材についても容易に拾えるようになるであろう。

1 木造積算の種類

❶構想・企画段階での「概算積算」

家を建てるのに、いくら掛かる？　この予算で、どの位の家が建つ？　計画の初期段階では、資金調達あるいは予算に応じた計画内容にするためのコスト管理など、構想の実現に向けた作業を行う。まだ建築主の希望条件が整っていない場合も多く、積算資料も乏しい。この段階では、明細積算よりも、簡易に短時間でできる概算積算により工事費概算額を算出するのが適切である。

概算積算として明確に定義された手法はないが、

木造住宅では、坪単価を用いた手法が一般的である。たとえば、図3・14のような平面図しかない場合や、ラフプラン程度の資料しかない段階でも、建物の延べ面積に想定した坪単価を掛けて、工事費概算額を算出する（表3・10）。

算定の単位として坪の方が馴染みがあるが、坪や尺などの尺貫法による計量単位で取引すると計量法という法律に抵触するため、金額提示の段階ではm²やmなどの単位を用いる。もちろん、初めからm²

表3・10　概算積算の例

工事費概算額	延床面積	×	坪単価
1827万円	31.5坪	×	58万円

m²数の坪数への換算
m²数を坪数に換算するには、0.3025を掛けて算定する。

延床面積
$104.33m² × 0.3025 = 31.559825 → 約31.5坪$
逆に、坪数からm²数を出すには、0.3025で割って算定するが、

$31.5坪 ÷ 0.3025 = 104.132231… → 約104m²$
と、端数の誤差は大きくなる。
「1坪」とは、1間四方の広さである。明治時代の度量衡法により、1間＝6尺、1尺＝10m×1/33と定められ、現代に引き継がれている。

$$1坪 = (6×\frac{10}{33})×(6×\frac{10}{33}) = \frac{3600}{1089} = \frac{1}{0.3025}$$
$$(≒約3.3m²)$$

というのが、0.3025の根拠となる。
なお、木造住宅の1間＝1820mmとは6尺に、半間＝910mmは3尺に近似した値である。

数に m² 単価を掛けて算出しても構わない。なお、この延床面積は、建築基準法の**延べ面積**の他に**施工面積**などの数量を使う場合も多く、比較する場合は面積の算入範囲に注意が必要である。

坪単価・m² 単価は、それまでの実績や市販書籍の刊行物単価などを参考に内外装等が決まっていれば、それに応じた単価を想定する。また、図面から読み取れる建物のグレードを加味する。台所、浴室、便所など水回りの部屋の大きさや、窓の大きさ・箇所数などが目安となる。

通常、概算積算では建物本体の工事費のみの算出になるが、外構工事費や建て替えの際の解体工事費などは必要に応じて計上する。

なお、この工事費概算額に料率を掛けて設計監理料を算定する場合もある。

面積表	建築面積		(計算式) 5.46 × 10.92 = 59.6232	59.62 m²	（18.0 坪）
	床面積	1 階	(計算式) 5.46 × 10.92 = 59.6232	59.62 m²	（18.0 坪）
		2 階	(計算式) 5.46 × 8.19 = 44.7174	44.71 m²	（13.5 坪）
	延べ面積			104.33 m²	（31.5 坪）

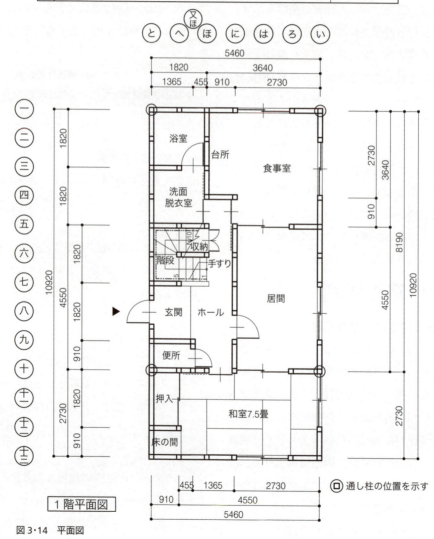

1 階平面図

図 3・14　平面図

❷設計段階のコスト管理には「部分別積算」が向いている

同じ概算でも、設計段階に入ると条件も整理され、より詳細な積算が可能となる。この段階でコスト管理をおろそかにして最後に工事額が予算に収まらないとなれば、大きな手戻りとなるので、コストは常に意識しておきたい。

RC造の項でも触れたとおり、積算の成果をまとめた内訳書には2種類の方式がある。工種（職種）ごとにまとめる「工種別」と、建物の各部分ごとで分類する「部分別」で、どちらの方式で計上しても総額は同じになる。

建築工事は、工務店の指揮の下、協力業者の連携により一つの建物を完成させる。各専門職種の協力業者は10者以上となり、その発注の際に、内訳書がそのまま利用できる**工種別**の内訳書は工務店等の施工者には便利である。また、従来から広く行なわれている方式で馴染みがある。

部分別は、施工する職種別に分けるのではなく、たとえば仕上工事なら単位面積（通常1m²）当たり

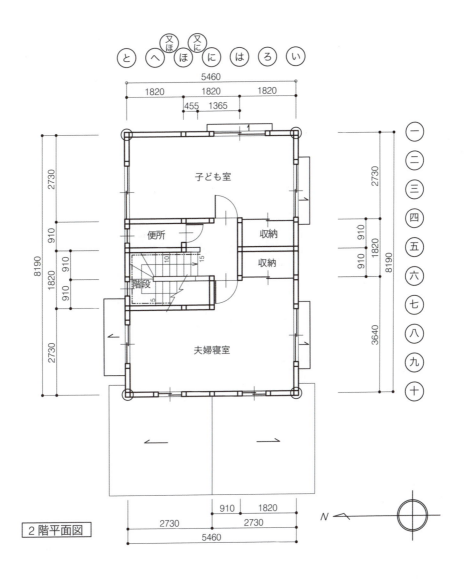

2階平面図

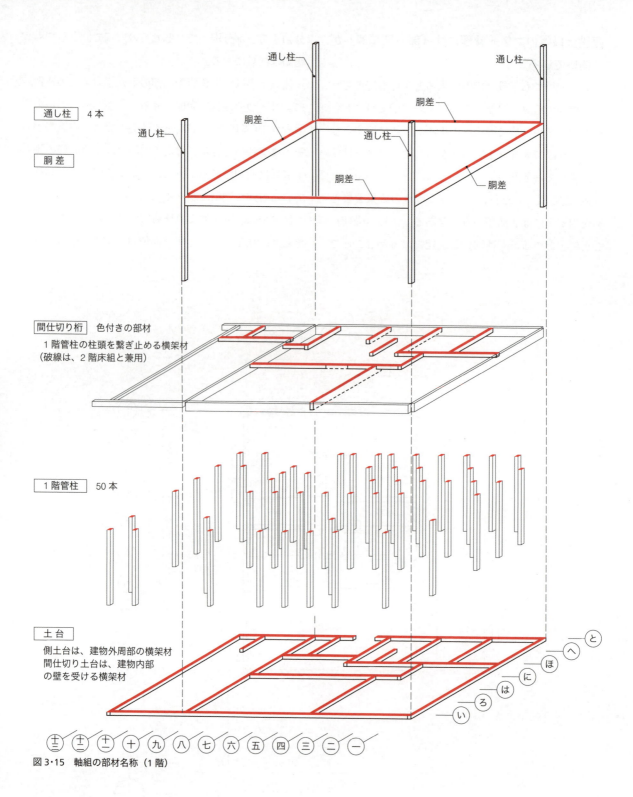

通し柱 4本

胴差

間仕切り桁 色付きの部材
1階管柱の柱頭を繋ぎ止める横架材
（破線は、2階床組と兼用）

1階管柱 50本

土台
側土台は、建物外周部の横架材
間仕切り土台は、建物内部
の壁を受ける横架材

図3·15 軸組の部材名称（1階）

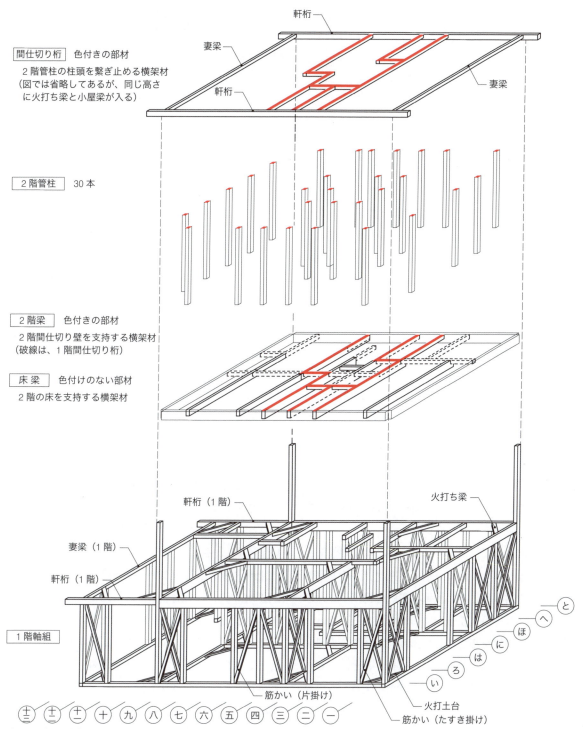

軒桁

妻梁

間仕切り桁　色付きの部材
2階管柱の柱頭を繋ぎ止める横架材
（図では省略してあるが、同じ高さ
に火打ち梁と小屋梁が入る）

軒桁

妻梁

2階管柱　30本

2階梁　色付きの部材
2階間仕切り壁を支持する横架材
（破線は、1階間仕切り桁）

床梁　色付けのない部材
2階の床を支持する横架材

軒桁（1階）

火打ち梁

妻梁（1階）

軒桁（1階）

1階軸組

と
へ
ほ
に
は
ろ
い

筋かい（片掛け）

火打土台

筋かい（たすき掛け）

⑬ ⑫ ⑪ ⑩ ⑨ ⑧ ⑦ ⑥ ⑤ ④ ③ ② ①

図3・16　軸組の部材名称（2階）

表3・11　内訳書の種類

| 工種別内訳 | 長年の利用実績があり業界内では馴染みがある。 | 施工者向き |
| 部分別内訳 | 業界内で馴染みが少ないが、一般消費者にも理解しやすい。コスト管理にも有用である。 | 設計者向き（一般消費者向き） |

の下地から仕上げまでの工種別の単価を足し合わせた合成単価を用いて、その部位に掛かる工事費を一括で計上する。ある部屋の広さを3m²拡げたら、いくらの増額になるのか、など工種別の内訳書では全体から抽出しなければならないが、部分別であれば、容易に知ることができ、仕様の変更にも対応させやすい。こちらは、専門家でない建築主でも内容の把握がしやすく、コスト管理にも有用なので、設計者向きの方式といえる（表3・11）。

　設計段階の概算では、部分別の方式が向いているが、まだ普及しているとは言い難い。今後、設計事務所などでの活用が望まれる。なお、設計段階での概算工事費算出額は、精度は優先されないとはいえ、実際の工事費の±10％程度の範囲に収めたい。

🔳工事契約には「明細積算」

　実施設計が終わると、全ての積算資料が揃う。これを基に、明細積算を行う。

　明細積算は、建物完成までに必要な材料の数量と組立等の施工量を、積算対象の実施設計図その他の資料から拾い出し、その数量に単価を掛け、計画の実現に必要な工事費を推定するものである。身近な例として、規模を小さくして考えれば、学校の課題で模型を作るのに、材料を買いに行くときにいくら持って行けば足りるかと予算を考えるようなものである。

　そして、明細積算の結果を基に見積書を作成し、施工業者の選定、工事契約締結となる。通常、明細積算の見積書は、実施設計図とともに工事契約の契約書類に含まれる。

2　部材の名称

🔳木造軸組を構成する材の分類

　軸組を構成する部材は、大きく分けると下記の3種類に大別できる。

　垂直材：主に柱（縦使い）

　水平材：土台、梁、桁、胴差、頭繋ぎなど。横架材ともいう。（横使い）

　斜材：筋かい、火打材など。縦横で四角形に組まれた軸組が横から押されて平行四辺形に変形するのを防ぐため、四角形の対角線や隅部に入れ軸組が変形しないようにするために斜めに配置して、地震や風圧によって建物が受ける水平力に対抗する。筋かいの入った壁面は耐力壁となる。

　以下に、垂直材と水平材について、代表的な部材を取り上げる。

🔳軸組の部材名称〈1階〉

　積算を行うには、その工事対象に対する知識が不可欠である。ここでは、積算に入る前に、軸組材の部材名称を確認しておく（図3・15、図3・16）。土台、柱、梁などのように、組み立て順に下から見ていくのが理解し易いと思うが、紙面での説明の都合上、1階と2階に分け、それぞれ上から説明していく。

垂直材　通し柱

　土台から2階軒桁までを単一材で通した柱。軒桁、胴差から伝わる荷重を土台に伝える。原則として建築基準法施行令第43条第5項に"階数が2以上の建築物におけるすみ柱又はこれに準ずる柱は、通し柱としなければならない。"と定められている。床伏図では、○で表わされる。

水平材　胴差

　軸組を締めて強固にするため、建物の1階と2階の境目あたり（胴の高さ）で、通し柱間に差し通す水平材。2階梁とともに階上の荷重を1階管柱・通し柱に伝える。

`水平材` **間仕切り桁**（1階管柱の頭繋ぎ）

1階間仕切り壁の管柱と間柱の柱頭を繋ぎ止め固定する水平材。2階床組の梁・桁類がある箇所では、それらと兼用する（図3・15中の点線が2階床組と兼用する材）。「頭繋ぎ」ともいう。

`垂直材` **1階管柱**

土台から2階の梁・桁・胴差等の横架材までの柱。下屋や2階からの荷重を土台を通して基礎へ伝える。木造軸組の柱は、開口部の両端、間仕切壁の交差部・端部の他に壁長さ約1.8mおきに必要（メーターグリッドでは約2mおき）。2階床伏図では、下階柱として×で表わされる。

`水平材` **土台**

軸組最下部で柱脚をつなぐとともに、柱から伝えられる建物の荷重を基礎に伝達する水平材。原則として建築基準法施行令第42条第2項で"土台は、基礎に緊結しなければならい。"と定められていて、アンカーボルトで基礎と緊結する。

❸軸組の部材名称〈2階〉

`水平材` **軒桁**

軒高で外壁頂部の柱頭をつなぐ横架材。母屋とともに屋根下地の垂木を受ける。

`水平材` **妻梁**

切妻造の妻面で、軒桁の高さで柱頭をつなぐ横架材。これから上に妻壁がある。

`水平材` **間仕切り桁**（2階管柱の頭繋ぎ）

1階と同様、2階間仕切り壁の管柱と間柱の柱頭を繋ぎ止め固定する水平材。図3・16では省略してあるが、小屋梁が入る箇所では、それらと兼用する（実際には、これらの他に「小屋梁」を架けるが、図では省略してある）。「頭繋ぎ」ともいう（図中、名称を示していない材）。

`垂直材` **2階管柱**

2階梁・胴差等から間仕切り桁・軒桁までの柱。屋根などを支えるため、その荷重を2階梁・胴差に伝

える。1階と同様、開口部の両端、間仕切壁の交差部・端部の他に壁長さ約1.8mおきに必要（メーターグリッドでは約2mおき）。2階床伏図では、上階柱として□の記号で表わされる。

`水平材` **2階梁**

2階間仕切壁の位置で2階管柱を受け、荷重を1階管柱や胴差等に伝える。

`水平材` **床梁**

2階床下地の根太を受け、床からの荷重を2階梁・胴差・柱等に伝える。他に床を受ける材のない区画に約1.8m間隔に掛け渡す（メーターグリッドでは、約2m間隔）。ただし、床梁間隔は、根太サイズにより変わる。

❹適材適所（材種）

軸組等で使用する木材の材種は、仕様書や仕上表で指定される。指定のない場合は、表3・12のような一般的な材種とする。

表3・12　一般的な材種

軸組	柱	強度が大きく、狂いの少ないヒノキ・スギ・ベイツガなどが用いられるほか、近年では構造用集成材を使う例も増えてきた。
	梁桁胴差	曲げに強く、狂いの少ないアカマツ、クロマツ、ベイマツなどが多用されるが、スギ、ベイツガも使われる。
	土台	耐腐朽性・耐蟻性の大きなヒノキ、ヒバ、ベイヒバ、ベイヒなどの心材を使用することが多い。心持ち材等では、防腐処理を施す。
	火打	火打梁は、床組みと同種、火打土台も土台と同じ樹種を使う場合が多いが、火打ち土台は、スギの採用もある。ともに鋼製既製品の採用も増えてきた。
小屋組	小屋梁	曲げ耐力の大きいアカマツ、クロマツ、ベイマツが用いられる。丸太材の断面寸法は、末口の径で表わす。
	棟木母屋	マツ類のほかに、スギ、ベイツガも使われる。
	垂木	棟木・母屋と同種の材料を使う場合が多い。

3 木造の数量積算の方法

❶木造軸組材の数量算定は「一本拾い」

「建築数量積算基準」では、設計数量（図面どおりの寸法）による計測が原則だが、木造軸組では、市場に流通している一般的な長さの定尺材寸法（3m、4mなど）に切り上げて、本数で計上する。俗に「一本拾い」と呼ばれる所要数量による方式である。定尺材以外は流通量も少なく、割高となる。

部位・材種・等級・寸法別に分類して本数を集計する。以前は、それを体積に換算した材積と呼ぶ、m³単位、古くは石単位として集計して、釘金物類の数量算定に用いたりもしたが、最近は製材の本数単位でまとめ、釘金物類は床面積から算出する場合が多く、本書でも製材の本数単位の集計に留める。

材積の計算は、m単位のままだと細かい数字になるので計算間違いを誘発しやすい。各断面寸法を10倍して計算し、最後に100で割ってm³数とすると良い。

❷木造建築の「木工事」は、造作工事＋軸組工事

木造建築の木工事は、表3・13に示した内訳明細書のような7項目程度となる。近年、増えてきた構造材プレカット加工では、これらに「プレカット加工費」の項目が加わる。

RC造等の木工事は造作関係のみだが、木造建築では、構造躯体となる軸組工事も木工事に入る。造作関係は、建築数量積算基準を準用できるので、内容は該当の章を参照いただきたい。軸組工事では、まだ統一された積算基準等がないのが現状であり、一般に行なわれている内容で解説していく。

❸柱の長さ（積算上の垂直材1本の長さ）

柱材を他材と接続させる仕口の種類は仕様書に従うが、一般的には「短ほぞ差し＋金物補強」か「長ほぞ差し込み栓打ち」とする。

「軸組の部材名称」（図3・15、図3・16）の図にあるように、柱には長さの異なる「管柱」と「通し柱」の2種類がある。「通し柱」は、2階の軒桁から土台まで通す長い柱で、柱頭は軒桁、柱脚は土台に上記のとおりほぞ差しとする。

「管柱」とは、その階のみの柱で、「2階管柱」なら、柱頭は軒桁・間仕切り桁に、柱脚は胴差・床梁にほぞ差しし、「1階管柱」は、柱頭は胴差・間仕切り桁・床梁に、柱脚は土台にほぞ差しとする（図3・17）。

木造軸組で積算上の柱1本の長さは、矩計図・軸組図などから、梁・桁・土台などの横架材間の垂直距離を確認し、それに柱頭・柱脚のほぞ加工に必要な長さを加えた上で、3m・4mなどの定尺長さに切り上げた寸法とする（表3・14）。

横架材間の垂直距離は、実際の刻みの段階では柱頭に接続する横架材の成（高さ）によって変わるが、積算上は、最大の箇所の長さで考える。ほぞの長さは、短ほぞ差しで60mm、長ほぞ差しだと120mmを

表3・13　内訳明細書

No.	名称	摘要	単位	数量	単価	金額	備考
3	木工事						
	a.構造材（軸組・小屋組）		式	一		○,○○○,○○○	
	b.下地材		式	一		○○○,○○○	
	c.造作材		式	一		○,○○○,○○○	
	d.補足材		式	一		○○○,○○○	
	e.くぎ・金物類		m²	104.33		○,○○○,○○○	
	f.大工手間		m²	104.33		○○○,○○○	
	g.建方費	レッカー代含む	式	一		○○○,○○○	

見込んでおけばよいが、実際は、これより少し短くなる。

管柱3m、通し柱6mを用いるように計画するのが一般的である。管柱が3mで不足する場合は、4mものを使うようになるがコストアップとなる。

❹柱の本数（数量算出）

実際に本数を拾う場合は、図3·18のような伏図から拾い出す。伏図がなければ、平面詳細図等から慎重に拾い出す。

市販の集計用紙等を利用して、材種、等級、長さ、断面寸法別に分けて集計するが、柱の材種、等級、断面寸法は同じ場合が多く、通常は管柱と通し柱に分けるだけである。床柱などの銘木や特殊な物（材種・単価の異なる物）があれば、別に仕分ける。

2階床伏図（図3·18）から通し柱、1階管柱、2階管柱の数量（本数）を拾い出す。図の凡例にあるように、○で囲ってあるのが通し柱、✕で表示されているのが1階管柱（下階管柱）、□で表示されているのが2階管柱（上階管柱）の位置である。床組の梁・桁類には、部材の断面寸法が書き込まれている。1階管柱は、1階の伏図があれば、そちらで拾うこともできる。

まず、この図から管柱と通し柱の本数を拾い出す。見やすいように色付けしたのが図3·19である。

伏図から拾い出す時は、通り心ごとに拾っていく

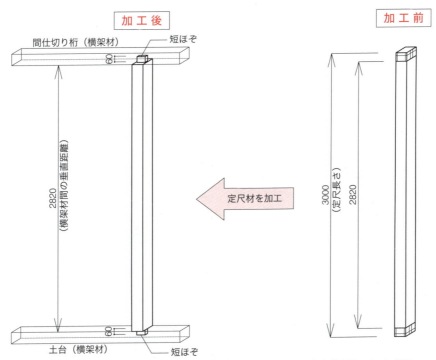

積算上は、加工前の定尺材で拾う。標準的な木造住宅の管柱は、3mの定尺材を用いることが多い。

図3·17　柱の長さ

表3·14　積算で用いる管柱1本の長さ算定例

計算 （間仕切り桁0.12×0.12の位置に使用する長さが最も長い管柱で考える）			必要長さ	定尺長さ （積算上の長さ）
柱頭のほぞ　＋ （短ほぞ差し）	横架材間の垂直距離　＋	柱脚のほぞ （短ほぞ差し）	2.94m	3m
0.06m　＋	2.82m　＋	0.06m		

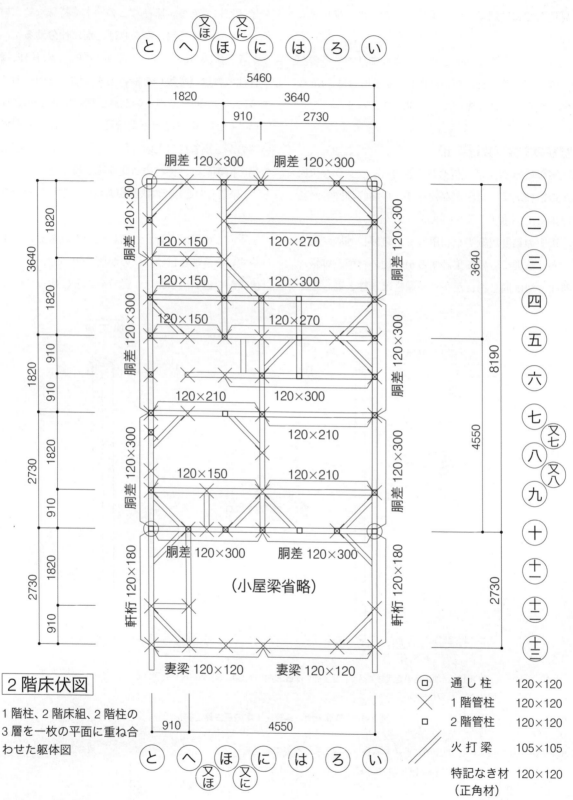

と へ ほ に は ろ い
又 又
ほ に

5460
1820 3640
910 2730

胴差 120×300　胴差 120×300

胴差 120×300
120×150
120×270

胴差 120×300
120×150
120×300

胴差 120×300
120×150
120×270

120×210
120×300
120×210

120×150　120×210

胴差 120×300　胴差 120×300

軒桁 120×180　軒桁 120×180

（小屋梁省略）

妻梁 120×120　妻梁 120×120

一 二 三 四 五 六 七 八 九 十 十一 十二 十三
又 又
七 八

3640
1820
1820
910
910
1820
910
1820
910

3640
8190
4550
2730

910　4550

2 階床伏図

1 階柱、2 階床組、2 階柱の3 層を一枚の平面に重ね合わせた躯体図

図 3・18　2 階床伏図

と へ ほ に は ろ い
又 又
ほ に

⊡	通し柱	120×120
×	1 階管柱	120×120
⊡	2 階管柱	120×120
╱╱	火打梁	105×105
	特記なき材（正角材）	120×120

と拾い落しが少ない。柱の本数を、横軸の通り心（一〜一通）ごとに数えると色付きの数字のとおりである。他の人が見ても分かるよう（他の人でも検算できるよう）、集計用紙でまとめる（表3・15）。拾いに使用した図面は集計用紙等と一緒に保管しておく（例では、市販集計用紙でなく独自の木材明細書の書式を流用している）。

▶**積算の根拠**　積算根拠は必ず記録しておく。施工時には、より詳細な積算となる実行予算を組むが、その際の基となるからである。もちろん、記録がなければ検算すら容易でない。

⑤拾い落しのないように二通りの集計方法で

検算のため、縦軸（い〜と通）でも拾い、合計数を一致させる。一致しない場合は、どこかに拾い落としがあるはずで、拾い直しが必要である（図3・19、図3・20の薄い色付きの数字が縦軸での数量）。

この例で、柱の数量は、通し柱4本、1階管柱50本、2階管柱30本で、管柱は計80本となる。拾いを行った数量を木材明細書に転記する（表3・16）。

⑥胴差の長さ（積算上の水平材1本の長さ）

通し柱や管柱などの垂直材は、途中で継ぐことは少なく、仕口のほぞ長さを加算するだけで必要な材の長さが求められるが、**土台・梁・桁・胴差**などの水平材（横架材）は、仕口の他に、**継手**が必要になる場合が多い。途中で継がずに通りごとに一本の材料で作るのが構造的にも有利だが、長材は市場流通の問題や運搬、現場への搬入・保管等の制約が大きく、**定尺材**（主に4m、3m）を継手で繋いで使用する。

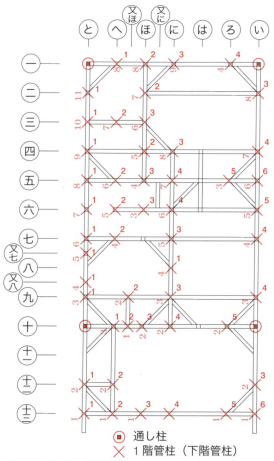

図3・19　通し柱・1階管柱の本数

■　通し柱
✕　1階管柱（下階管柱）

表3・15　木材明細書（拾い）

No.	名称	摘要	単位	数量		一	二	三	四	五	六	七	又七	八	又八	九	十	十一	十二	十三
3	a. 構造材（軸組・小屋組）				計														
	通し柱	スギ 6.00 × 0.12 × 0.12m	本	4			2												2	
	管柱（1階）	（横軸で拾い）	本	50		4	3	3	4	6	5	4	1	1	4	5	0	3	6	
	管柱（2階）	（　〃　）	本	30		3	2	0	5	4	4	4	1	0	0	2	5			
	管柱（計）	スギ 3.00 × 0.12 × 0.12m	本	80																
						と	へ	又ほ又に	ほ	又に	に	は	ろ	い						
	通し柱		本	4		2							2							
	管柱（1階）	（縦軸で拾い）	本	50		11	8	2	7	0	9	1	4	8						
	管柱（2階）	（　〃　）	本	30		7	1	0	5	0	5	4	2	6						

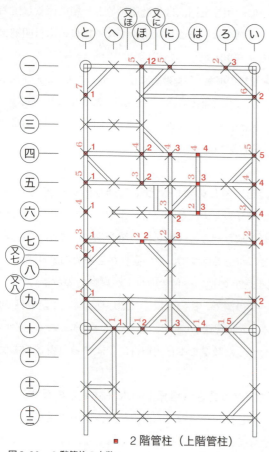

図3·20　2階管柱の本数

■ 2 階管柱（上階管柱）

仕様書や設計図に継手や仕口の位置・種類が示されている場合はそれに従い、ない場合には JASS11 等を参考に大凡の割り付けを考える（表3·17）。

この継手・仕口に必要な分も加算し、定尺材の長さ（4m 等）に切り上げて水平材1本の長さとする。材種、等級、長さ、断面寸法別に分けて本数を算出する。短い材は、定尺材から切使い・切回しを考えて無駄が少なくなるように工夫する。

▶切使い・切回し　どちらも、1本の定尺材から複数の短材をとることを言うが、同じ長さの短材をとることを切使い、異なった長さの短材をとることを切回しと区別することもある。

7 胴差（水平材・横架材）の継手位置の検討、長さの算定例

水平材（横架材）の例として2階床伏図・軸組図（⊕通）で、2FL あたりの高さに水平に架かっている胴差（2階床伏図、軸組図で色付きのもの）という部材で考える（図3·21）。

2階床伏図で見ると、⊕通の胴差は、と通〜い通、

表3·16　木材明細書

No.	名称	摘要	単位	数量	単価	金額	備考
3	a.構造材（軸組・小屋組）						
	土台						
	〃						
	火打土台						
	通し柱	スギ 6.00×0.12×0.12m	本	4	○○,○○○	○○,○○○	
	管柱	スギ 3.00×0.12×0.12m	本	80	○,○○○	○○○,○○○	
	胴差						

表3·17　水平材（横架材）の継手、仕口

	継手	仕口	その他
梁・桁・胴差等	追掛け大せん継ぎ （追掛け継ぎボルト締め） 腰掛けかま継ぎ	胴差の通し柱との仕口 傾ぎ大入れ短ほぞ差し	梁成の異なる部位の継手や梁・桁類と胴差の仕口など 大入れあり掛け
土台	腰掛けあり継ぎ	大入れあり掛け	土台隅の仕口 片あり掛け斜め釘打ち えり輪入れ小根 ほぞ差しくさび締め

括弧は JASS11 の仕様（梁成（高さ）200mm 以上であれば継手は「追掛け大せん継ぎ」）

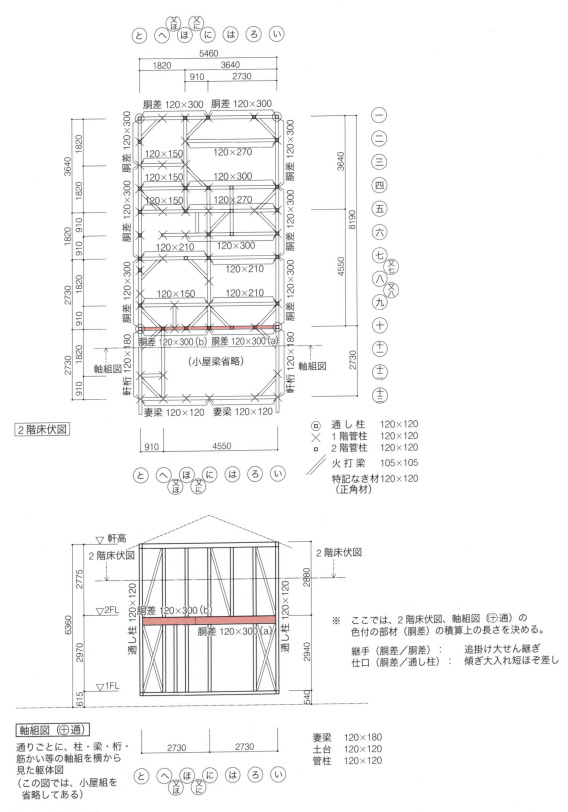

図 3·21　胴差の位置

ⓗ通〜ⓘ通の2本の部材として各断面寸法が書き込まれているが、通り心間距離では、どちらとも2.73mである。設計図通りに2.73mを定尺材3mに切り上げて、3m×2本とはならない。

　横架材の継手は、柱の直上・直下には配置せず、柱心から150mm程度持ち出した先から継手加工とする。

　実際には、図3・22のように、右側の胴差a材は、ⓗ通の柱心から150mmを持ち出し、**追掛け大せん継ぎ**とし、その継手長さを420mmとした（梁幅の3〜4倍が標準）。ⓘ通の通し柱との接合は、**傾ぎ大入れ短ほぞ差し**の仕口として、長さ30〜45mm程度を見込む。この継手と仕口分を加え、定尺長さに切り上げると、材長4mが必要となる。逆に左側の胴差b材は、2階床伏図にあるような、ⓣ通〜ⓗ通まで

の長さは必要ないことになるが、定尺長さに切り上げると、材長3mが必要となる。ⓗ通の胴差は、3m材と4m材各1本を計上する。

❽胴差の本数（数量算出）

　胴差は、通し柱と通し柱を繋ぐ材で、図3・23の2階床伏図の色付けした部材である。他の胴差も、継手位置の検討を行い、数量を算出する。

　拾いの結果は、表3・18のようになる。

❾2階床伏図から他の横架材をまとめて集計

　2階床組を構成する部材は、役割に応じて、胴差・2階梁・床梁・間仕切り桁などの名称が付いているが、木材明細書としてまとめる際には、**軒桁、胴差、その他の梁・桁類**の3種類に分ける程度の分類でも、

胴差a材	継手＋持ち出し＋通り心間距離−（柱心〜柱面）＋仕口			必要長さ	定尺長さ（積算上の長さ）
	0.42＋	0.15　＋　　2.73　　−	（0.12／2）＋0.03	3.27m	4m
胴差b材	仕口＋通り心間距離−（柱心〜柱面）− 持ち出し			必要長さ	定尺長さ（積算上の長さ）
	0.03＋	2.73　　−	（0.12／2）− 0.15	2.55m	3m

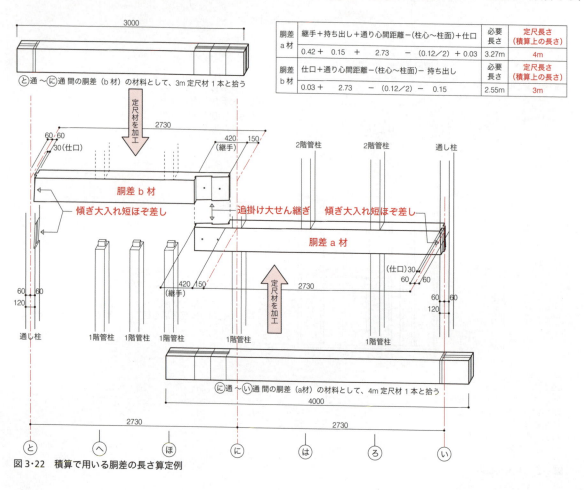

ⓣ通〜ⓗ通間の胴差（b材）の材料として、3m定尺材1本と拾う

ⓗ通〜ⓘ通間の胴差（a材）の材料として、4m定尺材1本と拾う

図3・22　積算で用いる胴差の長さ算定例

住宅の規模であれば混乱は少ないであろう（表3・19）。

　図3・24では拾う対象ごとに図を分けて示しているが、実際の作業では1枚の図をマーカーで色分けする等して行った方が拾い落しが少なくて済む。

　実際の継手を考えずに略算で行う場合は、表3・20を参考にする。

　ここまでの拾いを木材明細書にまとめると、表3・21のようになる。

　柱と2階横架材は拾い終わったが、土台、2階軒桁、2階間仕切り桁のほか、斜材、小屋組等の拾いを残している（数量の数値の右肩に＋が付いているのは、拾いを進めると増える可能性のあるもの）。

　その他、木工事だけでも、下地材、造作材、補足材、くぎ・金物類、大工手間、建方費なども拾いを行う。

⑩ 「化粧材」は、削り代を見込んだ断面寸法

　近年、木造住宅でも高断熱・高気密化、防耐火構

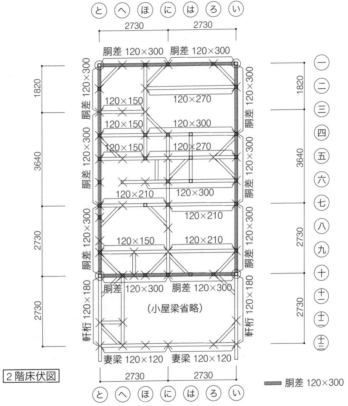

図3・23　胴差の本数

表3・18　木材明細書（拾い）

No.	名称	摘要	単位	数量	一	二	三	四	五	六	七	八	九	十	十一	十二	十三
3	a.構造材（軸組・小屋組）			計													
	胴差	ベイマツ4.00×0.12×0.30m	本	2	1									1			
	〃	ベイマツ3.00×0.12×0.30m	本	2	1									1			
					と	へ	ほ	に	は	ろ	い						
	胴差	ベイマツ4.00×0.12×0.30m	本	4	2			2									
	〃	ベイマツ3.00×0.12×0.30m	本	2	1			1									

表 3·19　木材明細書（拾い）

No.	名称	摘要	単位	計	一	二	三	四	五	六	七	又七又八	八	又八又九	九	十	十一	十二	十三
3	a.構造材（軸組・小屋組）																		
	梁・桁類	ベイマツ4.00×0.12×0.30m	本	2			1		1										
	〃	ベイマツ3.00×0.12×0.30m	本																
	〃	ベイマツ4.00×0.12×0.27m	本	2		1		1											
	〃	ベイマツ3.00×0.12×0.27m	本																
	〃	ベイマツ4.00×0.12×0.21m	本	1									1						
	〃	ベイマツ3.00×0.12×0.21m	本	2									1			1			
	〃	ベイマツ4.00×0.12×0.18m	本																
	〃	ベイマツ3.00×0.12×0.18m	本																
	〃	ベイマツ4.00×0.12×0.15m	本	1					0.5	0.5									
	〃	ベイマツ3.00×0.12×0.15m	本	2						0.5					1				
	〃	ベイマツ4.00×0.12×0.12m	本	1														1	
	〃	ベイマツ3.00×0.12×0.12m	本	2				0.25										0.25	1

No.	名称	摘要	単位	計	と	へ	又ほ又に	ほ	に	は	ろ	い
	軒桁	ベイマツ4.00×0.12×0.18m	本	2	1				1			
	〃	ベイマツ3.00×0.12×0.18m	本									
	梁・桁類	ベイマツ4.00×0.12×0.12m	本	2				0.25	1	0.25	0.5	
	〃	ベイマツ3.00×0.12×0.12m	本	3		1			2			

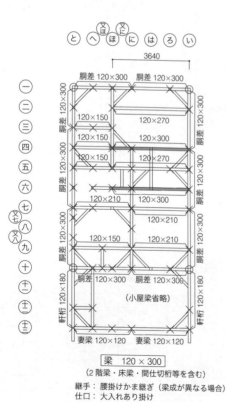

梁　120 × 300
（2階梁・床梁・間仕切桁等を含む）
継手：腰掛けかま継ぎ（梁成が異なる場合）
仕口：大入れあり掛け

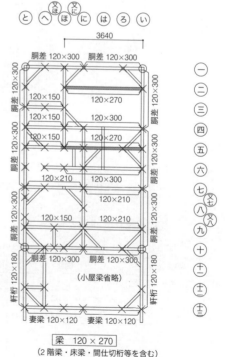

梁　120 × 270
（2階梁・床梁・間仕切桁等を含む）
継手：腰掛けかま継ぎ（梁成が異なる場合）
仕口：大入れあり掛け

図 3·24　2 階床組構成材の材寸別拾い図

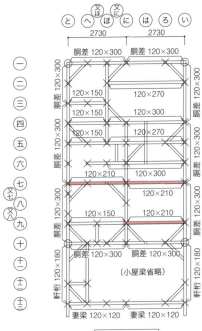

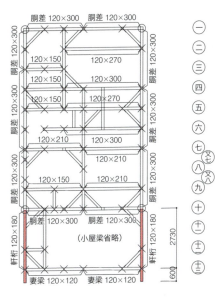

梁　120×210

（2階梁・床梁・間仕切桁等を含む）

継手：　追掛け大せん継ぎ
　　　　腰掛けかま継ぎ（梁成が異なる場合）
仕口：　大入れあり掛け

軒桁　120×180

仕口：　傾ぎ大入れ短ほぞ差し

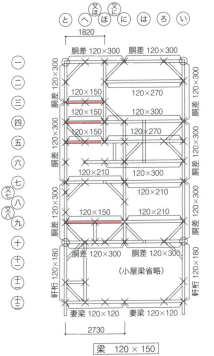

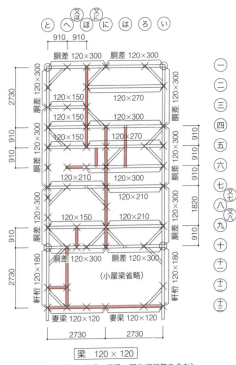

梁　120×150

（2階梁・床梁・間仕切桁等を含む）

継手：　腰掛けかま継ぎ（梁成が異なる場合）
仕口：　大入れあり掛け

梁　120×120

（2階梁・床梁・妻梁・間仕切桁等を含む）

継手：　腰掛けかま継ぎ
仕口：　大入れあり掛け

表 3・20 継手・仕口長さの略算

継手・仕口の種類	継手の必要長さ
追掛け大せん継ぎ	成の 3 倍
腰掛けかま継ぎ	成の 1.3 倍
腰掛けあり継ぎ	成の 0.6 倍

表 3・21 木材明細書

No.	名称	摘要	単位	数量	単価	金額	備考
3	a. 構造材（軸組・小屋組）						
	土台	ヒバ 4.00 × 0.12 × 0.12m	本				
	〃	ヒバ 3.00 × 0.12 × 0.12m	本				
	火打土台	ヒバ 4.00 × 0.045 × 0.09m	本				
	通し柱	スギ 6.00 × 0.12 × 0.12m	本	4	○,○○○	○○,○○○	
	管柱	スギ 3.00 × 0.12 × 0.12m	本	80	○,○○○	○○○,○○○	
	胴差	ベイマツ 4.00 × 0.12 × 0.30m	本	6	○○,○○○	○○,○○○	
	〃	ベイマツ 3.00 × 0.12 × 0.30m	本	4	○,○○○	○○,○○○	
	軒桁	ベイマツ 4.00 × 0.12 × 0.18m	本	2$^+$	○,○○○		
	梁・桁類	ベイマツ 4.00 × 0.12 × 0.30m	本	2$^+$	○○,○○○		
	〃	ベイマツ 4.00 × 0.12 × 0.27m	本	2$^+$	○○,○○○		
	〃	ベイマツ 4.00 × 0.12 × 0.21m	本	1$^+$	○,○○○		
	〃	ベイマツ 3.00 × 0.12 × 0.21m	本	2$^+$	○,○○○		
	〃	ベイマツ 4.00 × 0.12 × 0.15m	本	1$^+$	○,○○○		
	〃	ベイマツ 3.00 × 0.12 × 0.15m	本	2$^+$	○,○○○		
	〃	ベイマツ 4.00 × 0.12 × 0.12m	本	3$^+$	○,○○○		
	〃	ベイマツ 3.00 × 0.12 × 0.12m	本	5$^+$	○,○○○		
	火打梁	ベイマツ 4.00 × 0.09 × 0.09m	本				
	筋交	スギ 4.00 × 0.045 × 0.09m	本				
	〃	スギ 3.00 × 0.045 × 0.09m	本				
	⋮						
	⋮						
3	a. 構造材 小計						

表 3・22 材面の品質による単価の比較

材面の品質	4 面	3 面	2 面	1 面
無節（むじ）	四方無節 3 万 3000 円	三方無節 3 万円	二方無節 2 万 6000 円	一方無節 1 万 4000 円
上小節（じょうこぶし）	四方上小節 2 万 2000 円	三方上小節 1 万 9000 円	二方上小節 1 万円	一方上小節 7000 円
小節（こぶし）	小節 6000 円			
並（なみ）	並（大壁の軸組材） 5000 円			

※ ヒノキ柱材 120mm 角 長さ 3m（単材積 0.0432m³）1 本当たりの単価
　単価は産地により開きがあり変動もするので、比だけを読み取ってほしい。
　品質基準は JAS（日本農林規格）参照のこと。

造化の影響もあってか、柱を覆ってしまう大壁仕上げが一般的になりつつある。この場合は、軸組材は強度性能を満たせば良いが、旧来の和室のように真壁仕上げとしたり、梁を意匠的に見せるなど、軸組材が化粧となる場合には、見え掛りの面をかんな掛けする等の仕上げが必要になる。積算で表示している部材寸法は、**ひき立て寸法**であり、製材工場出荷時の木材断面寸法である。図面で示されている部材断面の仕上がり寸法に、**仕上げのための削り代**を片面化粧で3mm、両面化粧では5mmを加算して、ひき立て寸法とする。逆に、ひき立て寸法から削り代を減じた寸法で仕上がり寸法とすることもあるが、その場合は設計者等に確認が必要となる。螻羽（切妻屋根の妻側の軒先）の軒桁など現しとなる場合は、忘れやすいので注意する。

また、化粧材となると表面の見た目の善し悪しも単価に反映され、**無節**、**上小節**、**小節**、**並**などの木材等級での分類も必要である。参考までに表3・22に単価を示したが、単価は産地により開きがあり変動もするので、比だけを読み取ってほしい。

床の間の**床柱**などの銘木類も別に集計するが、選択の幅が広く、一般消費者には理解しにくいので、どの程度の仕様のものか明示することが望ましい。

🔟🔟 小屋組の構成部材

構造材には、ここまで見てきた軸組の他に、**小屋組**がある。その構成部材は、和小屋組では、敷桁、小屋梁、小屋束、母屋、棟木、隅木、谷木、小屋貫、小屋筋かいなど、洋小屋組なら、敷桁、陸梁、合掌、真束（杵束）、対束、吊束、方杖、鼻母屋、母屋、棟木、隅木、谷木、小屋筋かい、小屋振れ止めなどである。これらの他に垂木、野地板などの屋根工事の下地までが木工事の工事範囲ならびに積算範囲となる。

4. 屋根面積の算定

🔟 屋根面積は、勾配なりに実長をとる

建物には、水平や垂直の面だけではなく、勾配をもつ斜めになった面もある。積算では、材料の数量が必要なので、勾配のある面は真上から見た水平の面積ではなく、流れに沿った実際の長さの実長を用いて面積を算出する。例として、屋根面積の算定を以下に示す。

🔟 屋根面積（切妻屋根）

屋根面積の計測は、断面図の書入れ寸法で行うが、図面に流れ長さの実長が示されることは少なく、通常は、勾配に応じた**延び率**を水平寸法に掛けて実長とする（図3・25）。

図3・14（p.106）のモデル建物の2階屋根

屋根勾配4寸（延び率1.077）

（[通り心間寸法＋軒の出]×延び率）×（軒の出＋通り心間寸法＋軒の出）

$$([2.73 + 0.60]) \times 1.077) \times (0.45 + 8.19 + 0.45)$$
$$= (3.33 \times 1.077) \times (9.09)$$
$$= 3.58641 \times 9.09$$
$$= 32.600466$$
$$≒ 32.60㎡（屋根片流れ分）→ 65.20㎡（屋根全体）$$

🔟 屋根面積（寄棟屋根）

寄棟屋根は、切妻屋根よりも複雑な形状をしている。その面積は、台形と三角形の計算を組み合わせなくてはならないように見えるが、屋根勾配が同じであれば、寄棟と切妻の屋根面積は同じである。したがって、寄棟の屋根面積を算出する場合は、切妻屋根に置き換えて計算すればよい。切妻屋根の長方形で算出した方が、誤りが少なく迅速に計算できる（図3・26）。

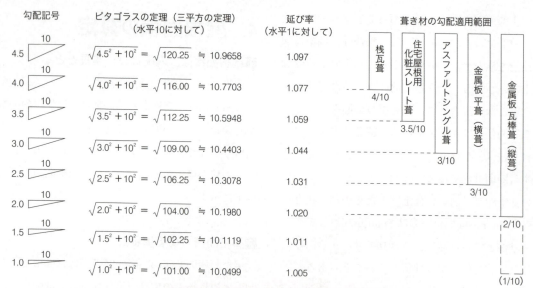

勾配記号	ピタゴラスの定理（三平方の定理） （水平10に対して）	延び率 （水平1に対して）
4.5	$\sqrt{4.5^2+10^2}=\sqrt{120.25}≒10.9658$	1.097
4.0	$\sqrt{4.0^2+10^2}=\sqrt{116.00}≒10.7703$	1.077
3.5	$\sqrt{3.5^2+10^2}=\sqrt{112.25}≒10.5948$	1.059
3.0	$\sqrt{3.0^2+10^2}=\sqrt{109.00}≒10.4403$	1.044
2.5	$\sqrt{2.5^2+10^2}=\sqrt{106.25}≒10.3078$	1.031
2.0	$\sqrt{2.0^2+10^2}=\sqrt{104.00}≒10.1980$	1.020
1.5	$\sqrt{1.5^2+10^2}=\sqrt{102.25}≒10.1119$	1.011
1.0	$\sqrt{1.0^2+10^2}=\sqrt{101.00}≒10.0499$	1.005

屋根寸法の延び率と葺き材の勾配適用範囲

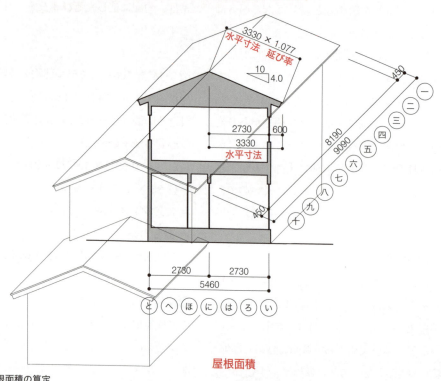

図 3・25　屋根面積の算定

5.　見積書の構成

■ 見積書としてまとめる

　積算で拾い出した数量に単価を掛け、金額を算出することを**値入れ**という。単価は、それまでの実績や市販書籍の刊行物単価などを参考にする。

　金額を集計、工事費の総額を算出し、見積書を作成する。木造住宅の見積書は、おおむね表3・23のような構成となる。

　図3・27に**見積書**（例）を示す。見積書の表紙に

124

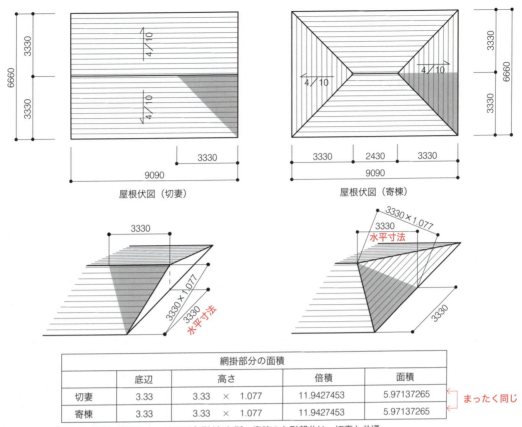

網掛部分の面積				
	底辺	高さ	倍積	面積
切妻	3.33	3.33 × 1.077	11.9427453	5.97137265
寄棟	3.33	3.33 × 1.077	11.9427453	5.97137265

→ まったく同じ

切妻、寄棟とも、この三角形が4か所、寄棟の台形部分は、切妻と共通。

図3・26　切妻と寄棟の屋根面積

表3・23　見積書の構成

表　　紙	見積金額（工事費の総額）を示す。
内　訳　書	科目（工種）ごとの合計金額を一覧にして、その総額を算出する。
内訳明細書	科目（工種）ごとに、それを構成する細目（内訳明細）を掲げ、各細目の数量と単価を掛けて金額を算出、それらの金額を合計する
別紙明細書	内訳明細書の細目をさらに細分化したもの。内訳明細書では一式で記載する。木工事の木材明細書など。

は、宛名・見積金額・工事名・工事概要（工事の特定ができる程度の）・予定工期・有効期間・発行日付・発行者などを記載するのが一般的である。会社印・代表者印を押印して提出する。

表紙の後に、**内訳書**、**内訳明細書**と続き、最後に木材明細書などの**別紙明細書**を付ける。RC造のよ

うに統一書式がないので、この順序の配列にこだわる必要はなく、建築本体工事と、設備工事・外構工事などの付帯工事、運搬諸経費に分ける書式や、木材明細書を木工事のすぐ後に入れる場合もある。

▣ 提出前には最後の検算を

　見積書の計算間違いは、信用を大きく損ねる。セルフチェックでは限界もあり、他の人に検算をしてもらう方が望ましい。たとえ、コンピュータソフトで作成した見積書でも、パソコンの画面上ではなく、提出するのと同じように紙に打ち出して、手計算（電卓）で検算するのが確実である。特にコンピュータでは、うっかり桁数を間違え、100万円が1000万円になっていたりすることもよくあるので、慎重に行いたい。

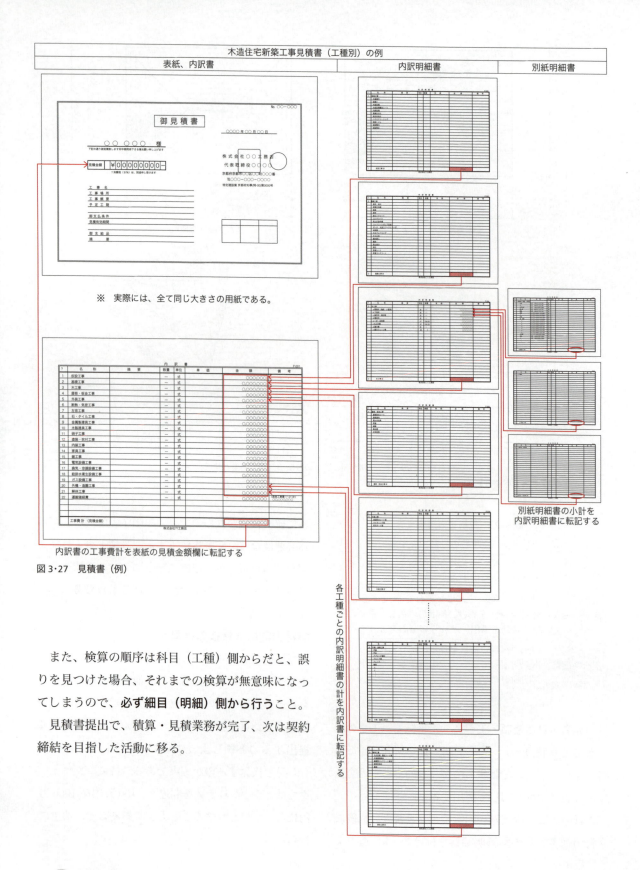

図 3・27　見積書（例）

内訳書の工事費計を表紙の見積金額欄に転記する

別紙明細書の小計を
内訳明細書に転記する

各工種ごとの内訳明細書の計を内訳書に転記する

　また、検算の順序は科目（工種）側からだと、誤りを見つけた場合、それまでの検算が無意味になってしまうので、**必ず細目（明細）側から行う**こと。

　見積書提出で、積算・見積業務が完了、次は契約締結を目指した活動に移る。

| 03 | 改修工事

改修工事は、新築工事と異なり、新たな建物を造る工事ではない。既に存在する建物について美観を維持・向上することや、建物の寿命を延ばす目的、地震などに対する安全性の確保などの目的で改修工事が行われる。場合によっては新しく異なる用途に変更する目的などで大規模な改修工事も行われている。これらはいずれも既存建物の資産価値を維持することや向上させることにつながる。

日本ではこれまで、スクラップ＆ビルドの考え方が主流であったが、良質な資産の維持や資源の無駄を減らすなどの目的で、ストックの考え方が一般的となってきた。しかしながら改修工事の施工では、既存の仕上材を撤去した後に、下地の劣化が予想以上に進んでいる場合など、現場に入ってから初めて判明する内容も多い。これは、積算するさいも同様で、不確定要素を極力もれなく見込むには、かなりの経験と現場の知識も必要となる。

本書では、一般的な改修工事を対象とし、改修工事の**数量積算基準**や**内訳書**の標準的な書式を学習し基礎的な内容を習得することを目的とする。また、改修工事は設備工事の比率が高い場合が多いが、ここでは建築工事の改修について解説する。

改修工事の区分や取りまとめ方は、新築工事で一般的に使われる工事の種類ごとで区分された工種別ではなく、工事の対象となる部位や部分を主体に区分される（図3・28）。以下に一般的な区分と数量積算基準の概要を示す。

1　仮設

仮設は、一般的には**共通仮設**と**直接仮設**とに区分される。本書では**外部足場**や**墨出し**、**養生**及び**整理**

清掃後片付けなど直接仮設の主たる内容を記載する。

また、対象面積は新築の場合のように延床面積や建築面積など設定しやすい面積ではなく、個々の改修対象部分でそれぞれ約束事がある。

■1 墨出し

①防水改修

基準は『建築数量積算基準（平成23年度版）』より引用。以下、基準（　部）、解説（　なし）、筆者による補足（▶部）の順に示す（以下同様）。

> 水勾配の調整を必要とする改修の場合には計測・計算の対象とし、その数量は水勾配の調整を必要とする面積とする。

改修工事において水勾配の調整を必要とする範囲は図示による。

▶一般的には、改修する防水範囲の平場面積となる。

【別紙計算書－表3・26①より　※図面は図3・29による】

・11.85（※1）×7.35（※2）＝ 87.10m²

　※1：11.85＝12.00（X1-X2間寸法）－0.075（X1側壁厚1/2）

　　　－0.075（X2側壁厚1/2）

　※2：7.35＝7.50（Y1-Y2間寸法）－0.075（Y1側壁厚1/2）

　　　－0.075（Y2側壁厚1/2）

②外壁改修

> 外壁モルタル塗り、外壁タイル張りなどを撤去し、新たに仕上（以下「新設仕上」という）をする場合に計測・計算の対象とし、その数量は外壁改修面積とする。

外壁改修における墨出しは、既存の外壁仕上を撤

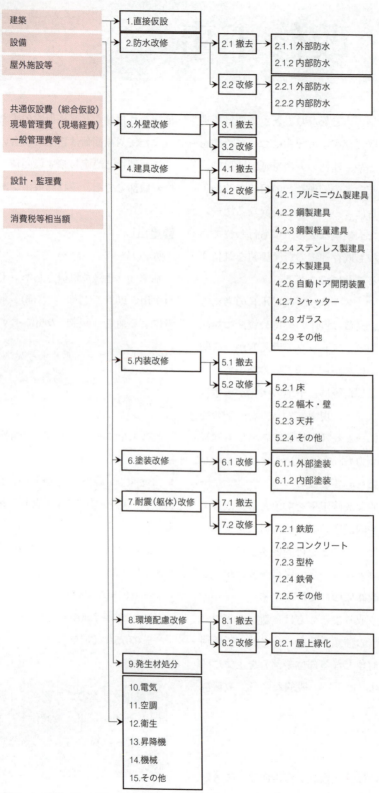

建築

設備

屋外施設等

共通仮設費（総合仮設）
現場管理費（現場経費）
一般管理費等

設計・監理費

消費税等相当額

1.直接仮設			
2.防水改修	2.1 撤去	2.1.1 外部防水 2.1.2 内部防水	
	2.2 改修	2.2.1 外部防水 2.2.2 内部防水	
3.外壁改修	3.1 撤去 3.2 改修		
4.建具改修	4.1 撤去		
	4.2 改修	4.2.1 アルミニウム製建具 4.2.2 鋼製建具 4.2.3 鋼製軽量建具 4.2.4 ステンレス製建具 4.2.5 木製建具 4.2.6 自動ドア開閉装置 4.2.7 シャッター 4.2.8 ガラス 4.2.9 その他	
5.内装改修	5.1 撤去		
	5.2 改修	5.2.1 床 5.2.2 幅木・壁 5.2.3 天井 5.2.4 その他	
6.塗装改修	6.1 改修	6.1.1 外部塗装 6.1.2 内部塗装	
7.耐震（躯体）改修	7.1 撤去		
	7.2 改修	7.2.1 鉄筋 7.2.2 コンクリート 7.2.3 型枠 7.2.4 鉄骨 7.2.5 その他	
8.環境配慮改修	8.1 撤去		
	8.2 改修	8.2.1 屋上緑化	
9.発生材処分			
10.電気 11.空調 12.衛生 13.昇降機 14.機械 15.その他			

図 3・28　改修工事の区分

128

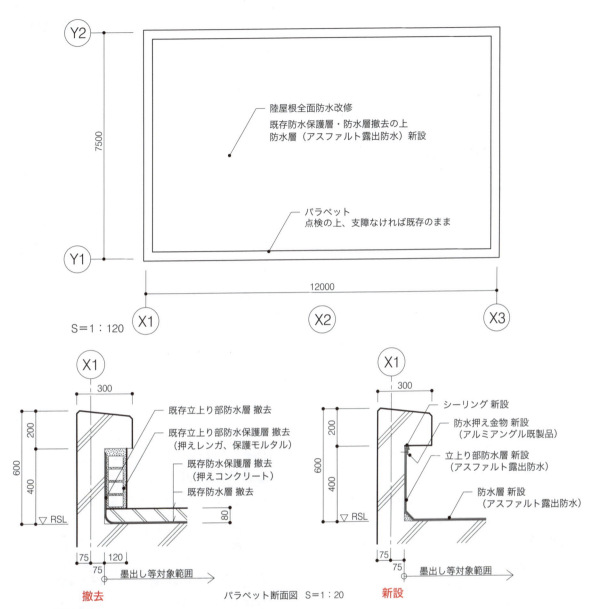

図 3・29　屋上平面図

（撤去）の図の注記：
- 既存立上り部防水層 撤去
- 既存立上り部防水保護層 撤去（押えレンガ、保護モルタル）
- 既存防水保護層 撤去（押えコンクリート）
- 既存防水層 撤去

（新設）の図の注記：
- シーリング 新設
- 防水押え金物 新設（アルミアングル既製品）
- 立上り部防水層 新設（アスファルト露出防水）
- 防水層 新設（アスファルト露出防水）

陸屋根全面防水改修
既存防水保護層・防水層撤去の上
防水層（アスファルト露出防水）新設

パラペット
点検の上、支障なければ既存のまま

S=1：120

X1　300　200　600　400　▽ RSL　80　75　120　75　墨出し等対象範囲　撤去

X1　300　200　600　400　▽ RSL　75　75　墨出し等対象範囲　新設

パラペット断面図　S=1：20

去し、新設仕上を行う場合を対象とし、その数量は外壁仕上面積とする。

　なお、吹付け仕上類の場合の墨出し数量は計測の対象としない。

③建具改修

> 既存の壁に開口を設けて新規に建具を取り付ける場合のみ計測・計算の対象とし、その数量は建具の内法寸法による面積とする。

　かぶせ工法の場合の墨出し数量は計測の対象としない。

▶**かぶせ工法**　既存の建具枠を利用して、新しい建具に取

り替える工法。既存枠を基礎にして取り付けるカバー
工法やノンシールで取り付けるノンシール工法など、い
くつかの工法がある。

④内装および塗装改修

> 床、壁及び天井仕上を下地から撤去し、新設仕上
> をする場合に計測・計算の対象とし、その数量は
> 床または天井の改修面積とする。また、壁のみを
> 新設および改修する場合は、新設壁の前面から
> 1.0mの範囲の床面積とする。

　内装改修には、既存下地を残す場合と撤去する場
合があるが、墨出しは既存下地を撤去する場合を対
象とし、その数量は床または天井の改修面積とする。

　また、耐震壁および間仕切り壁のみを新設および
改修する場合は壁面から1.0mの範囲の床面積を数
量とする。なお、塗装改修の墨出し数量は計測の対
象としない。

【別紙計算書－表3・28①より　※図面は図3・31に
よる】

・11.85(※1 階段室＋前室部分のX寸法)×7.35(※2)
　＝87.10m²

・6.00(階段室＋前室部分のX寸法)×2.10(階段室のY寸法)
　×(−1)＝▲12.60m²

合計　74.50m²

　※1：11.85＝12.00(X1−X2間寸法)−0.075(X1側壁厚1/2)
　　　−0.075(X2側壁厚1/2)

　※2：7.35＝7.50(Y1−Y2間寸法)−0.075(Y1側壁厚1/2)
　　　−0.075(Y2側壁厚1/2)

❷養生及び整理清掃後片付け

①防水改修

> 数量は、改修防水層の平場面積とする。

　防水の全面改修の場合、改修防水層の平場面積と
し、パラペット立上がり部の面積は計測の対象としな
い。なお、部分改修で図示がない場合は隣接する

既存部分（1.0m幅を標準とする）を改修防水層の平
場の面積に加算する。

【別紙計算書－表3・26②、③より　※図面は図3・29
による】

・墨出し（防水改修）の根拠式と同じ＝**87.10m²**

②外壁改修

> 数量は、改修する外壁面の水平長さに2.0mを乗
> じた面積とする。

　外壁改修の場合、建物外周長さにコーナー部分
（四隅）の8mを加算した長さに2mを乗じた面積を
数量とする。なお、2m以内に仮囲いが設置されて
いる場合は、仮囲いの設置位置からの範囲とする。
また、既存外部建具の改修が伴わない既存外壁タイ
ル張りなどを撤去する場合、既存開口部の養生は図
示により開口部面積を数量とする。外壁改修が部分
的な場合、改修壁長さに両側1.0mを加算する。

【別紙計算書－表3・27②、③より　※図面は図3・30
による】

　4面ある外壁1面の改修と考えると、

・{12.15(※1)＋2.0}×2.0＝**28.30m²**

　※1：12.15＝12.00(X1−X3間寸法)＋0.075(X1、X3壁厚
　　　1/2)×2

③建具改修

> 建具のみを改修する場合には、整理清掃後片付け
> のみ計測・計算の対象とし、その数量は外部建具
> の場合は建具幅に1.0mを乗じた面積および内部
> 建具の場合は建具幅に2.0mを乗じた面積とする。

　外壁改修を伴わない外部建具のみを改修する場合
は、整理清掃後片付けのみ計測・計算の対象とし、
その数量は建具の内法幅×1.0m（1面＝片側）の範
囲の面積とする。内部建具の場合は内法幅×2.0m
（2面＝両側）の範囲の面積とする。

▶内部建具が床および天井改修の範囲に含まれる場合は、
　対象面積が重複することとなるので計測の対象としない。

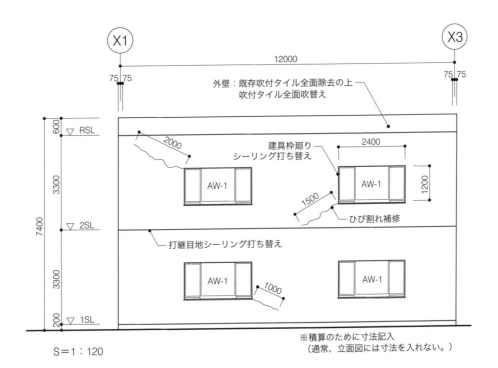

図3・30　立面図

表3・24　内部仕上表

		床	幅木	壁	天井	廻り縁	備考
事務室1	既存	ビニル床タイル撤去	ビニル幅木 H60	EP塗り	岩綿吸音板 (一部撤去)	塩ビ	軽量鉄骨壁下地撤去
	新設	タイルカーペット	既存のまま	EP塗り (全面塗替え)	岩綿吸音板 (一部新設)	塩ビ	
事務室2	既存	ビニル床タイル撤去	ビニル幅木 H60	EP塗り	岩綿吸音板 (一部撤去)	塩ビ	軽量鉄骨壁下地撤去
	新設	タイルカーペット	既存のまま	EP塗り (全面塗替え)	岩綿吸音板 (一部新設)	塩ビ	

④内装及び塗装改修

床、壁および天井を改修する場合の数量は、改修する部分の床または天井の面積とする。また、壁のみを新設及び改修する場合は、新設壁の前面から 1.0m の範囲の床面積とする。

床、壁及び天井を全面改修する場合は、新築工事と同様に床面積を数量とする。なお、天井と壁を全面改修する場合は天井面積を数量とする。また、壁のみを新設または改修する場合は、新設壁の面から 1.0m の範囲の床面積を数量とする。

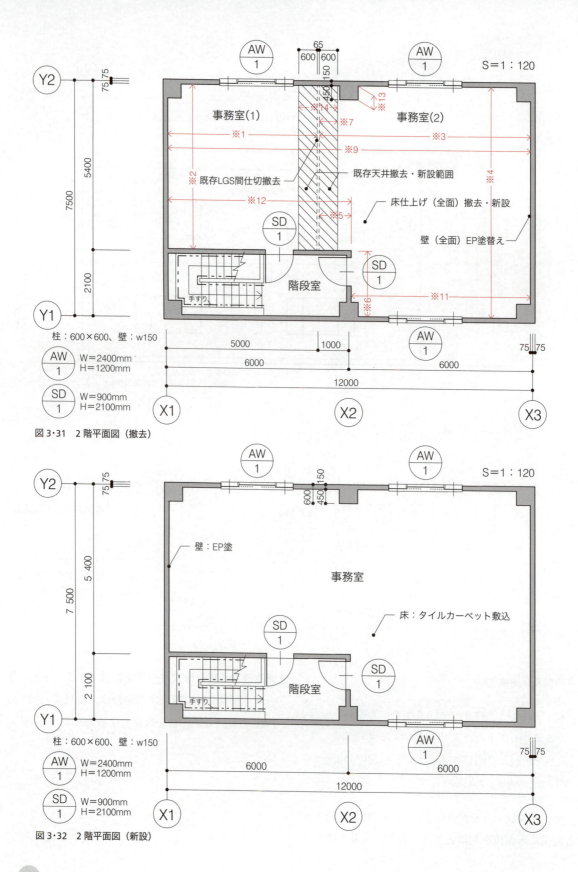

図 3・31　2 階平面図（撤去）

S＝1：120

事務室(1)　事務室(2)

※1　既存LGS間仕切撤去

既存天井撤去・新設範囲

床仕上げ（全面）撤去・新設

壁（全面）EP塗替え

SD／1　SD／1

階段室　手すり

柱：600×600、壁：w150

AW／1　W=2400mm　H=1200mm

SD／1　W=900mm　H=2100mm

AW／1　AW／1　AW／1

Y2　75 75　7500　5400　2100　Y1

65　600　600　150　450

X1　5000　1000　6000　X2　6000　X3　75 75　12000

図 3・32　2 階平面図（新設）

S＝1：120

壁：EP塗

事務室

床：タイルカーペット敷込

SD／1　SD／1

階段室　手すり

柱：600×600、壁：w150

AW／1　W=2400mm　H=1200mm

SD／1　W=900mm　H=2100mm

AW／1　AW／1　AW／1

Y2　75 75　7 500　5 400　2 100　Y1

600　150　450

X1　6000　X2　6000　X3　75 75　12000

下地調整を省いた塗装改修の場合、整理清掃後片付けの数量は計測の対象としない。

内装改修（塗装改修のみも含む）に伴う既存開口部の養生は図示により、開口面積または開口の箇所数を計測・計算する。

▶下地調整を省いた塗装改修の場合は、ケレン掛けなどによるゴミの飛散が少ないこともあり整理清掃後片付けの数量は計測の対象としない。

【別紙計算書－表3・28 ②、③より　※図面は図3・31、図3・32による】

・墨出し（内装及び塗装改修）の根拠式と同じ

　= 74.50m²

⑤資材搬入通路（抜粋）

> 資材搬入路の数量は、廊下、階段室、ホールなどを対象とし、通路幅を2.0mとした床面積とする。ただし、廊下などの幅が2.0m未満の場合は、その幅を通路幅とした床面積とする。また、エレベーターの数量は台数とする。

3 足場

①外部足場

> 仮設ゴンドラ、高所作業車の数量は、台数または箇所数とする。

外部足場は、外壁の改修内容などにより異なるが、枠組み本足場を標準とし、枠幅については改修外壁面の高さと改修内容により選定する。

また、工事の中に外壁などの調査が含まれている場合は、足場は枠組本足場を標準とする。

外壁改修が部分的な場合、改修壁長さに両側1.0m加算する。仮設ゴンドラ、高所作業車は、改修内容および敷地のスペースなどにより選定し、数量は台数または箇所数とする。

枠組本足場の数量は積算基準第2編仮設の定めによる。

▶外壁改修が部分的な場合、改修する対象の壁長さに施工上の余裕幅を考慮して両側に1.0mずつ加算する。

【別紙計算書－表3・27 ④より　※図面は図3・30による】

・14.15（※1）×7.40（建物高さ）= 104.71m²

　※1：14.15＝12.00（X2−X1間寸法）＋0.075（X2側壁厚1/2）＋0.075（X1側壁厚1/2）＋1.00×2（1.00×2（両側））

外部足場の設置基準

外部足場は、外壁改修工事用の足場として設置される。

種別の採用に関しては枠組本足場を標準とするが、施工条件（枠組本足場が設置できない等）により単管足場、仮設ゴンドラ、移動式足場等が採用される（表3・25）。

②内部足場

> 内部仕上足場の数量は、天井の改修面積とする。また、壁のみを新設および改修する場合の内部仕上足場の数量は、改修する壁の水平長さに1.0mを乗じた面積とする。なお、内部仕上足場は高さに応じた足場とし、その数量は足場の区分に対応した天井の改修面積とする。

表3・25　外部足場の設置基準

建枠寸法	板付布枠	階数	仕上げ（改修内容）
1200 枠	500 布枠 ×2 枚	3 階建以上	タイル、モルタルはつり補修程度
900 枠	500 ＋ 240 布枠	3 階建以上	吹付け、ピンニング程度
		2 階建以下	タイル、モルタルはつり補修程度
600 枠	500 布枠 ×1 枚	2 階建以下	吹付け、ピンニング程度
			防水改修等で昇降用に設置する足場

内部足場は、天井面および壁面作業のために設置するもので、その数量は改修する天井面積とする。なお、新築工事同様、改修面の高さおよび施工範囲に応じた足場を選択する。

また、壁のみを新設および改修する場合の数量は、壁面の水平長さに 1.0m を乗じた面積とする。

下地調整を省いた天井面の塗装改修で、ローラーブラシなど足場を必要としない工法による施工の場合の全面足場は不要である。ただし、壁際部分の施工を考慮して壁の水平長さに 1.0m を乗じた面積を足場数量とする。

▶上記の壁際部分は、施工難易度が高い作業となるので、壁の水平長さに 1.0m を乗じた面積を足場数量とする。
【別紙計算書－表 3・28 ④より　※図面は図 3・31 による】
・墨出し（内装及び塗装改修）の根拠式と同じ
　＝ 74.50m²

内部足場の設置基準

内部足場は、改修する高さ（天井高、階高）に応じて区分し、通常の改修する高さ（4m 未満）では、脚立足場を採用するが、改修する高さが高い場合（4m 以上）は、枠組棚足場や移動式足場等が採用される。

③仮設間仕切（抜粋）

仮設間仕切りは、種別ごとに区別し、その数量は面積、長さおよび箇所数とする。

2　躯体改修（耐震改修）

❶躯体改修の定義と種類

躯体改修とは、躯体各部分の撤去、新設、補強または劣化部分の補修および補強する場合をいう。

躯体の改修には、室内拡張のための既存間仕切り壁の撤去、開口部新設に伴う既存壁の撤去、間仕切り壁新設、既存開口部を塞ぐための壁新設、耐震補強または劣化部分を補修および補強する場合がある。

なお、免震改修の躯体部分も対象とする。

❷躯体改修の区分

躯体改修の各部分とは、積算基準第 4 編第 1 章第 2 節の区分による。

❸計測・計算の通則

①通則（1）

設計図書に数量が明示してある場合は、その数量による。

設計図書に明示してある数量は、設計寸法の記載が困難な場合や数量を明示するのが一般的なもの（建具数量）などについて示すもので、設計数量とする。

なお、明示数量は一般に設計変更の対象として扱われる。

②通則（2）

躯体の新設ならびに撤去の数量は、積算基準第 4 編による。

躯体改修の内、耐震壁改修などのコンクリート造および鉄骨造に関わる場合の数量は、積算基準第 4 編躯体の部による。

❹計測・計算の方法（抜粋）

①部分改修

部分改修で、カッター入れを計測・計算するときは、設計寸法による長さとする。

▶カッター入れ　コンクリートに対して、カッターで切り込みを入れた溝をつくること。既存のコンクリート壁や床を撤去するさいや、誘発目地などを設ける場合などに使用される。刃先には、人工ダイヤが着けてある場合が多く、ダイヤモンド工法などと呼ばれる。

②あと施工アンカー

> あと施工アンカーおよびスタッドボルトは、種別ごとに区別し、その数量は本数とする。

▶あと施工アンカー　コンクリートが固まったあとに（既存壁面などに）、何かを取り付けるため用いる、ねじや釘のようなもの。固まったコンクリートにドリルなどで孔をあけて固定する。

③割裂補強筋

> 割裂補強筋は、種別ごとに区別し、その数量は設計寸法による長さまたは質量（t）とする。

▶割裂補強筋　主に耐震改修で使用され、スパイラル筋とも呼ばれる。コンクリート壁の端部4辺に配置され、コンクリート打設後の収縮によるひび割れなどを防止するとともに、将来強い地震がきても周囲の既存壁への力の伝達を抑制する効果もある。

④グラウト材

> グラウト材の数量は、設計寸法による断面積とその長さによる体積または長さとする。

▶グラウト材　コンクリートの目地やひび割れなどの細かい隙間をふさぐ役割に用いられる、流動性のあるモルタルのこと。無収縮モルタルや薬液注入とも呼ばれ、耐水性が高いため、防水目的でも使用されることがある。

⑤既存部分の取り合い

> 既存部分の取り合い面の処理数量は、工法ごとの躯体の寸法により計測・計算する。

既存部分（柱、梁）の取り合い面の処理（目荒しなど）は図示による。その処理数量は、新設する躯体の設計寸法による長さまたは面積を数量とする。なお、既存壁面に耐震補強壁（増打補強）を設置する場合の取り合い面の処理（目荒しなど）は面積を数量とする。

⑥開口部新設などの躯体の数量

> 開口部などを新設または塞ぐ場合の躯体の数量は、開口部の内法寸法により計測・計算する。

⑦型枠の数量

> 型枠の数量は、積算基準第4編第2章第2節1（2）の定めにかかわらず、長さまたは箇所数とすることができる。

⑧柱補強の数量

> 柱補強の数量は、部位および断面寸法ごとに区別し、原則として箇所数とする。

柱補強には、溶接金網巻き工法、溶接閉鎖フープ巻き工法、鉄板巻き工法、帯巻き工法および連続繊維補強工法などがあるが、それらの数量は断面寸法ごとに区別し、個所数を原則とする。なお、必要に応じて面積または長さを数量とすることができる。

3　仕上改修

❶仕上改修の定義と種類

仕上改修とは、既存仕上の撤去または除去および仕上の新設ならびに補修をいう。

仕上改修には、次のようなものがある。

＊劣化部分の改修および新設壁の設置に伴い当該壁の取り合う周囲の既存仕上の撤去または除去
＊新設壁の設置に伴う仕上の新設
＊既存仕上の一部や全部が劣化した場合、それを原形に回復するための補修

既存仕上の撤去や除去にはタイル張り、モルタル塗りなどの撤去および塗装、薄付け塗装などの塗替え面の既存仕上の除去がある。

❷仕上改修の区分

仕上改修は、防水改修、外壁改修、建具改修、内装改修、塗装改修およびその他改修に区分する。

❸計測・計算の通則（抜粋）

①通則（1）

> 設計図書に数量が明示してある場合は、その数量
> による。

②通則（2）

> 改修は、既存仕上の撤去、新設仕上のための下地
> 処理、新設仕上および補修に区別する。

③通則（3）

> 間仕切下地は、積算基準第5編第1章の定めによる。

❹計測・計算の方法（抜粋）

①防水改修

> 防水改修とは、既存防水層の劣化・漏水などの現
> 状回復または新たに防水層を設ける改修をいう。

　防水改修には、劣化した防水層の一部を改修する
場合と全面を改修する場合がある。

　また、防水改修には、保護層、防水層、シーリン
グ材の他に、ルーフドレイン、とい、笠木などの撤
去・改修を含む。なお、防水改修には既存の防水層
を撤去しない場合もあるので留意する。

▶防水改修は、既存防水の劣化度合いや施工条件などを勘
　案して改修工法が選択される。なお、防水改修には既存
　防水層を撤去しない工法（オーバーレイ工法）などもあ
　るので採用する工法によって撤去する対象や数量が変
　化する。

(1)撤去

> ・撤去は、防水層、防水保護層（押えコンクリー
> 　トなど）に区分し、その数量は、設計寸法によ
> 　る面積またはその面積と厚さによる体積とする。
> ・部分改修でカッター入れを計測・計算すると
> 　きは、設計寸法による長さを数量とする。

防水改修における撤去は、既存防水層により、防
水層、防水保護層（押えコンクリートなど）に区
別され、その数量は新設数量に同じとする。なお、
施工範囲が明示されている場合は、その設計数量
を数量とする。

　また、防水保護層の押えコンクリートの体積は、
防水層の面積×保護層の厚さによる。

　部分改修などにおいて劣化した既存防水層を撤
去する場合、改修範囲外の既存防水層を保護する
ために部分改修範囲にカッター入れを行うが、そ
の数量は図示による長さとする。

▶部分改修の場合、既存防水層を保護するために（縁を切
　るために）部分改修範囲の端部にカッター入れを行うが、
　一般的には、撤去する既存防水の端部延長さとなる。

(2)下地処理

> ・下地処理は、工法や部位ごとに区別し、その数
> 　量は設計寸法による面積、長さおよび箇所数と
> 　する。
> ・コンクリート面のひび割れ補修は、工法ごとに
> 　区別し、その数量は設計寸法による長さとする。

・既存下地（コンクリート・モルタル面）処理は、
　工法および部位（平場、立上りなど）ごとに区別
　し、その数量は図示による新設数量と同じとする。
・既存防水層撤去後のコンクリート面に下地補修お
　よび処置が必要な場合は、設計変更の対象となる
　がその数量は図示による。

▶既存下地（コンクリート・モルタル面）の処理は、防水改
　修に限らず、不確定要素が強い工事内容で、表層をはが
　してみないと最終的には工法が確定できない。ひび割
　れに関しても同様で、その幅や深さにより、工法が選択
　される。これら下地処理の工事費は、劣化度合いによっ
　てはかなり金額的なウェイトが高い工事となる場合が
　あるので注意を要する。

(3)新設

防水層および防水保護層の数量は、面積、長さおよび箇所数とする。

防水層および防水保護層などの数量は、工法、部位ごとに区別し、設計寸法による面積を標準とする。シーリングの数量は、種類、寸法などに区別し、長さとする。ルーフドレンの数量は、形状、寸法などに区別し、箇所数とする。

【別紙計算書−表3·26④〜⑫より　※図面は図3·29による】

《撤去》

[防水押えコンクリート撤去] 表3·26④

・11.85×7.35(※1)＝87.10m²

　※1：墨出し（防水改修）の根拠式と同じ

[防水立上り保護レンガ撤去] 表3·26⑤

・11.73(※2)×0.32(※3)×2＝7.51m

・7.23(※4)×0.32(※3)×2＝4.63m

　合計　12.14m²

　※2：11.73＝12.00(X1−X2間寸法)−0.075(X1側壁厚1/2)
　　−0.075(X2側壁厚1/2)−0.12(保護レンガの厚さ)

　※3：0.32＝0.40(防水立上り高さ)−0.08(防水押えコンクリート厚さ)

　※4：7.23＝7.50(Y1−Y2間寸法)−0.075(Y1側壁厚1/2)
　　−0.075(Y2側壁厚1/2)−0.12(保護レンガの厚さ)

[カッター入れ　モルタル面]表3·26⑥

・11.61(※5)×2＝23.22m

・7.11(※6)×2＝14.22m

　合計　37.44m

　※5：11.61＝12.00(X2−X1間寸法)−0.075(X2側壁厚1/2)
　　−0.075(X1側壁厚1/2)−0.12×2(両側の保護レンガの厚さ)

　※6：7.11＝7.50(Y2−Y1間寸法)−0.075(X2側壁厚1/2)
　　−0.075(X1側壁厚1/2)−0.12×2(両側の保護レンガの厚さ)

[屋根 アスファルト防水撤去]表3·26⑦

・11.85×7.35(※7)＝87.10m²

　※7：墨出し（防水改修）の根拠式と同じ

[立上り アスファルト防水撤去]表3·26⑧

・11.85(※8)×0.40(防水立上り高さ)×2＝9.48m²

・7.35(※9)×0.40(防水立上り高さ)×2＝5.88m²

　合計　15.36m²

　※8：墨出し（防水改修）の根拠式と同じ

　※9：墨出し（防水改修）の根拠式と同じ

《新設》

[屋根 露出アスファルト防水] 表3·26⑨

・屋根 アスファルト防水撤去と同じ＝87.10m²

[立上り 露出アスファルト防水] 表3·26⑩

・立上り アスファルト防水撤去と同じ＝15.36m²

[防水入隅モルタル] 表3·26⑪

・11.85(※10)(防水立上り高さ)×2＝23.70m

・7.35(※11)(防水立上り高さ)×2＝14.70m

　合計　38.40m

　※10：墨出し（防水改修）の根拠式と同じ

　※11：墨出し（防水改修）の根拠式と同じ

[防水押え金物] 表3·26⑫

・防水入隅モルタルと同じ＝38.40m

②外壁改修

外壁改修とは、外壁のひび割れ、欠損、浮きなどの劣化部分の補修ならびに仕上材の新設をいう。

外壁改修は、既存仕上の種類（コンクリート打ち放し仕上、モルタル塗り仕上、タイル張り仕上、塗り仕上など）に応じた工法とし、図示による。

また、劣化部分の補修にはひび割れ（樹脂注入工法、シール工法など）、欠損（充填工法、塗替え工法、張替え工法）、浮き（アンカーピンニング工法）などがある。

▶**樹脂注入工法**　コンクリートのクラックなどにエポキシ樹脂を注入し、漏水や剥離などを防ぐ目的で使用されるが、後述するアンカーピンニング工法などとセットで使われる場合が多い。

▶**シール工法**　ヘアークラックと呼ばれる幅の小さいひび割れを補修する方法で、エポキシ樹脂などをひび割れ上部に幅1cm程度で塗布する工法。

▶**充填工法** ヘアークラックより比較的大きな幅のひび割れを補修する方法でひび割れにそってコンクリートをU型やV型にカットし、その部分にエポキシ樹脂などを充填する工法。

▶**アンカーピンニング工法** 既存壁面などの欠損や浮きの補修を行う工法のひとつで、モルタルやタイルなどが剥離により落下することを防ぐ目的で、ステンレスピンなどを打ち込みエポキシ樹脂などを注入し固定する工法。

(1)施工数量調査

> 施工数量調査を行う場合は、工法および部位ごと区別し、その数量は設計寸法による面積、長さおよび箇所数とする。

施工数量調査とは、改修工法、改修数量、改修範囲が設計図書のとおりでよいかどうかを確認するための調査をいい、その調査方法および範囲などは図示による。なお、調査結果が発注時に明示された数量または範囲などと相違する場合は、設計変更の対象となる。

(2)撤去

> ・既存仕上の撤去数量は、設計寸法による面積とする。
> ・部分改修でカッター入れを計測・計算するときは、設計寸法による長さを数量とする。

・外壁の部分および全面の改修に伴う既存仕上の撤去数量は、新設仕上の設計数量による。
・部分改修において劣化した既存外壁を撤去する場合、改修範囲外の既存外壁を保護するために部分改修範囲にカッター入れを行うが、その数量は、図示の長さとする。

▶部分改修において劣化した既存外壁を撤去する場合、改修範囲外の外壁を保護するために撤去範囲の端部にカッター入れを行う。

(3)下地処理および補修

> 既存仕上および躯体のひび割れ、欠損、浮きなどは、工法ごとに区別し、その数量は、設計寸法による面積、長さおよび箇所数とする。

・下地処理（高圧洗浄など）の工法は図示により、その数量は、新設仕上の数量による。

　樹脂注入工法、シール工法、充填工法などによる躯体のひび割れ部の補修数量は、設計寸法による長さまたは箇所数とする。

　アンカーピンニング工法による躯体の浮き部の補修数量は、設計寸法による面積または箇所数とする。

▶**高圧洗浄** 水に圧力をかけて勢いよく吹き付けることにより汚れなどを落とす方法で、改修前の外壁などを清掃する目的で使用される。

▶下地処理（高圧洗浄など）の工法は、下地の劣化度や新設仕上の工法によって選定される。補修工事の工法は、躯体（RC壁）のひび割れ部の状況により選定され、アンカーピンニング工法による躯体の浮き部の補修工事も同様である。

　なお、これらの工事費は金額的なウェイトが高い工事となる場合があるので注意を要する。

【別紙計算書－表3・27⑥～⑫より　※図面は図3・30による】

《撤去》

[外壁吹付タイル撤去] 表3・27⑥
・養生及び整理清掃後片付け（内装及び塗装改修）の根拠式と同じ＝ **79.93m²**

[打継目地シーリング撤去] 表3・27⑦
・12.15（※1）×3＝ **36.45m**

　※1：12.15＝12.00（X2-X1間寸法）+0.075（X2側壁厚1/2）
　　　＋0.075（X1側壁厚1/2）

[建具廻りシーリング撤去] 表3・27⑧
・2.40（AW1のW寸法）×2×4＝19.20m
・1.20（AW1のH寸法）×2×4＝9.60m

合計　28.80m

《新設》

[ひび割れ補修]　表3・27 ⑨

・2.00＋1.00＋1.50×1(図面指示寸法による)＝4.50m

[外壁吹付タイル]　表3・27 ⑩

・外壁 吹付タイル撤去と同じ＝79.93m²

[打継目地シーリング]　表3・27 ⑪

・打継目地シーリング撤去と同じ＝36.45m

[建具廻りシーリング]　表3・27 ⑫

・建具廻りシーリング撤去と同じ＝28.80m

③建具改修（抜粋）

> 建具改修とは、既存の建具を新規に取り替える場合および既存の壁に開口を設けて新規に建具を取り付ける場合などをいう。

　外部建具改修には、既存の建具枠を残す**かぶせ工法**およびジャッキなどで撤去する撤去工法がある。建具改修に伴うガラス、塗装、シーリングなどは建具改修で扱う。

④内装改修（抜粋）

> 内装改修とは、床、壁および天井の既存仕上および下地の一部または全面を撤去し、仕上および下地の新設ならびに補修をいう。

　内装改修には、既存の仕上だけの改修と下地を撤去して新規の下地に新設する場合などがある。なお、金属・仕上ユニットなどは内装改修で扱う。

(1)撤去

> ・仕上材および下地材の撤去は、部位および種別ごとに区別し、その数量は設計寸法による面積、長さおよび箇所数とする。
> ・コンクリート、モルタル、タイルなどの撤去の場合でカッター入れを計測・計算するときは、設計寸法による長さを数量とする。

・内装改修部の撤去は、仕上材だけの場合と下地材

および付合物の場合がある。その撤去数量は部位および種別ごとに区別し、新設する主仕上の設計数量に同じとする。

・部分改修などにおいて劣化したコンクリート、モルタル、タイルなどを撤去する場合、改修範囲以外の既存仕上を保護するために部分改修範囲にカッター入れを行うが、その数量は、図示による長さとする。

(2)下地処理

> 下地処理は、工法ごとに区別し、その数量は設計寸法による面積、長さおよび箇所数とする。

(3)新設

> 撤去および壁新設に伴う床、壁、天井の取り合い部の数量は、設計寸法による面積、長さおよび箇所数とする。

【別紙計算書－表3・28 ⑤～⑪より　※図面は図3・31、図3・32による】

《撤去》

[床 ビニルタイル撤去]　表3・28 ⑤

・4.89(※1)×5.25(※2)＝25.67m²(事務室1)

・6.89(※3)×7.35(※4)＝50.64m²(事務室2)

・1.04(※5)×2.10(※6)×(−1)＝▲2.18m²(事務室2)

合計　74.13m²

※1：4.89＝5.00(事務室1の壁芯X方向寸法)−0.075(左側RC壁厚1/2)−0.0325(右側LGS壁厚1/2)

※2：5.25＝5.40(事務室1の壁芯Y方向寸法)−0.075(RC壁厚1/2)×2

※3：6.89＝7.00(事務室2の壁芯X方向寸法)−0.0325(左側LGS壁厚1/2)−0.075(右側RC壁厚1/2)

※4：7.35＝7.50(事務室2の壁芯Y方向寸法)−0.075(RC壁厚1/2)×2

※5：1.04＝1.00(既存LGSの芯から階段室のX2通り側のRC壁の芯寸法)−0.0325(左側LGS壁厚1/2)＋0.075(右側RC壁厚1/2)

※6：2.10＝2.10（階段室のX2通り側寸法）

[天井 ボード撤去] 表3・28 ⑥

・5.25（※2）×0.60（※7）×2＝ 6.30m²

　※7：0.60＝数量積算基準（平成23年度版 p.160）
　　より床版まで設置されている間仕切壁等を撤去
　　する場合の天井撤去および改修の余幅は、壁面
　　より0.6mを余幅とする（図示がない場合に限る）。

[間仕切撤去] 表3・28 ⑦

・5.25（※2）×3.15（※8）＝ 16.54m²

　※8：3.15＝3.30（階高）−0.15（スラブ厚）

《新設》

[床 タイルカーペット] 表3・28 ⑧

・墨出し（内装及び塗装改修）の根拠式と同じ
　＝ 74.50m²

[壁 EP 塗替え] 表3・28 ⑨

・11.85（※9）×2.44（※10）＝28.91m²

・7.35（※4）×2.44（※10）＝17.93m²

・5.85（※11）×2.44（※10）＝14.27m²

・2.10（※6）×2.44（※10）＝5.12m²

・6.00（※12）×2.44（※10）＝14.64m²

・5.25（※2）×2.44（※10）＝12.81m²

・0.45（※13）×2.44（※10）×2 ＝ 2.20m²

・0.90（SD1のW寸法）×2.04（SD1のH寸法−巾木高さ）×（−2）
　＝ ▲ 3.67m²

・2.40（AW1 の W 寸法）×1.20（AW1 の H 寸法）×（−3）
　＝ ▲ 8.64m²

合計　83.57m²

　※9：11.85＝12.00（Y2通りの壁芯寸法）−0.075（X1側壁
　　厚1/2）−0.075（X2側壁厚1/2）

　※10：2.44＝2.50（天井高さ）−0.06（巾木高さ）

　※11：5.85＝6.00（X1通りの壁芯寸法）−0.075（X1側壁厚
　　1/2）−0.075（X2側壁厚1/2）

　※12：6.00＝6.00（階段室のY2通り側寸法）

　※13：0.6（X2通りY2通りの交点柱型寸法）−0.15（Y2通り
　　外壁壁厚）

[天井 岩綿吸音板] 表3・28 ⑩

・5.25（※2）×1.27（※14）＝ 6.67m²

　※14：1.27＝0.6（天井ボード撤去幅）×2＋0.065（LGS間
　　仕切壁厚）

[天井 廻縁] 表3・28 ⑪

・1.27（※148）×2＝ 2.54m

⑤塗装改修（抜粋）

塗装改修とは、塗装の新設並びに既存塗装面に塗装をする塗替えをいう。

新設および塗替え

①塗装改修は、塗装の仕様ごとに区別し、その数量は設計寸法による面積、長さおよび箇所数とする。

　新設塗装の数量は、原則として主仕上の数量による。

　既存の塗装面に塗替えを行う場合の数量は、設計寸法による面積、長さおよび箇所数とする。なお、幅木、額縁、回縁その他役物に類するものの塗装は、糸幅ごとの長さまたは箇所数を数量とする。また、塗替えは下地調整により区別する。

②撤去および壁新設に伴う床、壁、天井の取り合い部の数量は仕様および部位ごとに区別し、設計寸法による面積、長さおよび箇所数とする。

　既存壁の撤去および壁新設に伴う床、壁、天井の取り合い部の塗装数量は、取り合い部の新設主仕上の数量に同じとする。

表 3·26　防水改修計算書

		名称	規格・摘要	計算式					数量	単位
防①	防水改修 仮設	墨出し	防水改修用						87.10	m²
				11.85	×	7.35			87.10	
防②		養生	防水改修用						87.10	m²
				11.85	×	7.35			87.10	
防③		整理清掃後方付け	防水改修用						87.10	m²
				11.85	×	7.35			87.10	
	防水改修 撤去	防水押えコンクリート撤去	t=80						87.10	m²
防④				11.85	×	7.35			87.10	
		防水立上リ保護レンガ撤去	t=100　H=300						12.14	m²
防⑤				11.73	×	0.32	×	2	7.51	
				7.23	×	0.32	×	2	4.63	
		カッター入れ	モルタル面						37.44	m
防⑥				11.61	×	2			23.22	
				7.11	×	2			14.22	
		屋根　アスファルト防水撤去							87.10	m²
防⑦				11.85	×	7.35			87.10	
		立上り　アスファルト防水撤去							15.36	m²
防⑧				11.85	×	0.40	×	2	9.48	
				7.35	×	0.40	×	2	5.88	
	防水改修 新設	屋根　露出アスファルト防水	既存下地補修共						87.10	m²
防⑨				11.85	×	7.35			87.10	
		立上り　露出アスファルト防水	既存下地補修共						15.36	m²
防⑩				11.85	×	0.40	×	2	9.48	
				7.35	×	0.40	×	2	5.88	
		防水入隅モルタル							38.40	m
防⑪				11.85	×	2			23.70	
				7.35	×	2			14.70	
		防水押え金物							38.40	m
防⑫				※防水入隅モルタルの式と同じ（防⑪）					38.40	

表 3·27　外壁改修計算書

	名称	規格・摘要	計算式	数量	単位
外①	墨出し	外壁改修用		—	m²
		※吹付け仕上類の場合の墨出し数量は計測の対象としない。		—	
外②	養生	外壁改修用		28.30	m²
			(12.15 ＋ 2.00)×2.00	28.30	
外③	整理清掃後方付け	外壁改修用		28.30	m²
		※養生の式と同じ（外②）		28.30	
外④	外部足場			104.71	m²
			14.15 × 7.40	104.71	
外⑤	養生シート			104.71	m²
		※※外部足場と同じ式（外④）		104.71	
外⑥	外壁 吹付タイル撤去	高圧洗浄工法		79.93	m²
		※養生の式と同じ（外②）		79.93	
外⑦	打継目地シーリング撤去			36.45	m
			12.15 × 3	36.45	
外⑧	建具廻りシーリング撤去			28.80	m
			2.40 × 2 × 4 1.20 × 2 × 4	19.20 9.60	
外⑨	ひび割れ補修			4.50	m
			2.00 × 1 1.00 × 1 1.50 × 1	2.00 1.00 1.50	
外⑩	外壁 吹付タイル	既存下地補修共		79.93	m²
		※養生の式と同じ（外②）		79.93	
外⑪	打継目地シーリング			36.45	m
		※打継目地シーリング撤去の式と同じ（外⑦）		36.45	
外⑫	建具廻りシーリング			28.80	m
		※建具廻りシーリング撤去の式と同じ（外⑧）		28.80	

左側欄外区分: 外壁改修 仮設（外①～外⑤）、外壁改修 撤去（外⑥～外⑧）、外壁改修 新設（外⑨～外⑫）

		名称	規格・摘要	計算式	数量	単位
内①	内装改修　仮設	墨出し	内装改修用		①　74.50	m²
				11.85　×　7.35 6.00　×　2.10　×　（－1）	87.10 ▲ 12.60	
内②		養生	内装改修用		74.50	m²
			※墨出の式と同じ（内①）		74.50	
内③		整理清掃後方付け	内装改修用		74.50	m²
			※墨出の式と同じ（内①）		74.50	
内④		内部足場	脚立足場		74.50	m²
			※墨出の式と同じ（内①）		74.50	
内⑤	内装改修　撤去	床 ビニルタイル撤去	下地モルタル共		74.13	m²
			事務室1 事務室2	4.89　×　5.25 6.89　×　7.35 1.04　×　2.10　×　（－1）	25.67 50.64 ▲ 2.18	
内⑥		天井 ボード撤去	軽鉄下地共		6.30	m²
				5.25　×　0.60　×　2	6.30	
内⑦		間仕切撤去	両面ボード共		16.54	m²
				5.25　×　3.15	16.54	
内⑧	内装改修　新設	床タイルカーペット	下地モルタル共		74.50	m²
			※墨出の式と同じ（内①）		74.50	
内⑨		壁 EP塗替え	既存面		83.57	m²
				11.85　×　2.44 7.35　×　2.44 5.85　×　2.44 2.10　×　2.44 6.00　×　2.44 5.25　×　2.44	28.91 17.93 14.27 5.12 14.64 12.81	
			X2 通り柱型 SD-1 AW-1	0.45　×　2.44　×　2 0.90　×　2.04　×　（－2） 2.40　×　1.20　×　（－3）	2.20 ▲ 3.67 ▲ 8.64	
内⑩		天井 岩綿吸音板	t＝9 捨張り共		6.67	m²
				5.25　×　1.27	6.67	
内⑪		天井 廻縁			2.54	m
				1.27　×　2	2.54	

表 3・29　改修明細書（直接仮設）

直接仮設						
名称	摘要	数量	単位	単価	金額	備考
【直接仮設】						
［防水改修］						
墨出し	防水改修	87.1	m²			
養生	防水改修	87.1	m²			
整理清掃後方付け	防水改修	87.1	m²			
［外壁改修］						
養生	外壁改修	79.9	m²			
整理清掃後方付け	外壁改修	79.9	m²			
外部足場	枠組本足場	105.0	m²			
養生シート		105.0	m²			
［内装改修］						
墨出し	内装改修	74.5	m²			
養生	内装改修	74.5	m²			
整理清掃後方付け	内装改修	74.5	m²			
内部足場	脚立足場	74.5	m²			
計						

表 3・30　改修明細書（防水改修）

防水改修						
名称	摘要	数量	単位	単価	金額	備考
【防水改修】						
［撤去］						
防水押えコンクリート撤去	t = 80	87.1	m²			
防水立上り保護レンガ撤去	t = 100	12.1	m²			
カッター入れ	モルタル面	37.4	m			
屋根 アスファルト防水撤去		87.1	m²			
立上り アスファルト防水撤去		15.4	m²			
［改修］						
屋根 露出アスファルト防水	既存下地補修共	87.1	m²			
立上り 露出アスファルト防水	既存下地補修共	15.4	m²			
防水入隅モルタル		38.4	m			
防水押え金物		38.4	m			
計						

表 3·31　改修明細書（外装改修）

外壁改修						
名称	摘要	数量	単位	単価	金額	備考
【外壁改修】						
［撤去］						
外壁 吹付タイル撤去	高圧洗浄工法	79.9	m²			
打継目地 シーリング撤去		36.5	m			
建具廻り シーリング撤去		28.8	m			
［改修］						
打継目地 シーリング		36.5	m			
建具廻り シーリング		28.8	m			
外壁 吹付タイル	既存下地補修共	79.9	m²			
ひび割れ補修		4.5	m			
計						

表 3·32　改修明細書（内装改修）

内装改修						
名称	摘要	数量	単位	単価	金額	備考
【内装改修】						
［撤去］						
床ビニルタイル撤去	下地モルタル共	74.1	m²			
天井ボード撤去		6.3	m²			
間仕切撤去	両面ボード共	16.5	m²			
［改修］						
壁 EP 塗替え	既存面	83.6	m²			
床 タイルカーペット	下地モルタル共	74.5	m²			
天井 岩綿吸音板	t ＝ 9　捨張り共	6.7	m²			
天井 廻縁		2.5	m			
計						

第3章　その他の積算

| 01 | コンピュータによる積算

　積算業務のシステム化は、比較的早い時期から行われている。筆者の知る限りにおいては、日本国内でコンピュータによる数量積算が始まったのは、概ね40年程前になる。当初は、RC躯体の数量算出からシステム化された例が多かったと聞いている。

　数量積算業務は、図面を読み取り数量化（計算式作成）を行うまでは、一定の経験が必要だが、計算式ができ上がれば単純計算の反復作業となる。20年程前まで、大手の積算事務所などでは、どの会社も数名の計算スタッフがいて、名人芸的なスピードで電卓をたたいて計算業務を行っていた。

　数量積算業務は、数字の正確さが命なので、集計ミスなどがあれば積算技術者の苦労が水の泡となる。コンピュータによる積算ソフトも一番大切な部分は、今も昔も正確性である。

　積算業務のシステム化が大きく進むきっかけは、1977年に官民合同による「建築数量積算基準」が制定されたことによる。これにより、全国で統一された積算基準にそって積算ソフトも作成しやすくなった。

　図4・1で、これまでの大きな流れを整理したが、積算システムの変化は、表計算的なシステムから始まり、仕上積算やRC躯体積算などの専用システム化が進み、近年では伏図配置やCADとの連動積算など、現在のBIMにつながっていく。入力方式も、周辺機器の進歩などと併せて、紙から画面入力、CADとの連動など、かなりの省力化が図られた。なお、BIMに関しては、次節で詳しく述べる。

　以上、システム化が進んだことにより、かなりの範囲で積算業務のルーチンワークは軽減されたが、どんなにシステム化が進んでも、算出された積算結果の妥当性を判断するには、システムに頼らない数量算出能力が必要であり極めて重要である。

	第1世代	第2世代	第3世代	第4世代
年代	1970～1985	1986～1995	1996～2005	2005～
積算システム	・手計算集計	・システム計算 仕 ＊屋根 上 ＊外壁 　 ＊内装 　 ＊建具 躯 ＊リスト 体 ＊データ	・伏図配置 ・RC構造計算連動 ・1台/人 （クラサバ）	・完全座標配置 （躯体・仕上一体化） ・BIM対応可能
入力方式	データシート	OCR	クラサバ画面入力	配置入力 IFCオブジェクト連携

※クラサバ：「クライアント・サーバーモデル」のことで、コンピュータ端末とネットワークで接続されるサーバーの構成を指す。
図4・1　積算システムの変遷と積算手法との関連

| *02* | 建築積算とBIM

BIMとは、Building Information Modeling（ビルディング・インフォメーション・モデリング）の略で、コンピュータで作成した3次元の建物データに、様々な情報を持たせることができる（図4・2）。それらを活用することにより、設計から施工、維持管理まで建物のライフサイクル全般に情報を活用し、業務の効率化や情報の共有化などを行うことをいう。

データとして作成される各部材（オブジェクト）には、例えば柱であれば、コンクリート強度や配筋詳細まで情報を持たせることができる。同様に建具であれば、性能、仕上、ガラス、価格なども情報として与えることができる。

これらを全て入力できれば、積算業務もかなり効率化が可能になるが、実際の業務では、いろいろな課題点も存在する。

❶ BIM連携積算実運用への課題点とメリット

（以降、BIMによる積算連携を「BIM連携積算」と呼ぶ）

①課題点

・BIMによるデータの提供が少ない
　　（紙図面かPDFが大多数である）
・BIMデータを入手できても不備な内容が多い
　　（BIMデータの入力不足など）
・BIMに関する知識が不足している
・新たなシステム導入や環境整備に一定の投資が必要となる

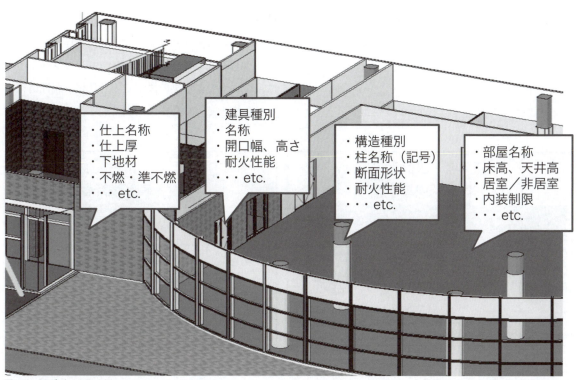

図4・2　オブジェクトの例

・仕上名称
・仕上厚
・下地材
・不燃・準不燃
・・・etc.

・建具種別
・名称
・開口幅、高さ
・耐火性能
・・・etc.

・構造種別
・柱名称（記号）
・断面形状
・耐火性能
・・・etc.

・部屋名称
・床高、天井高
・居室／非居室
・内装制限
・・・etc.

第4章　積算業務のシステム化

・全ての情報入力には多大な労力が必要

　（運用する目的を明確にした入力レベルが必要）

②メリット

・設計データの有効活用につながる

・かなりの効率化が可能になる

　（躯体リスト入力などの繰り返しの単純作業が

　激減する）

・ケアレスミスが発生しにくくなる

　（設計データ通りに数量などが算出されるため、

　数量算出の精度が向上する）

・コストマネジメントに活用できる

　（BIMデータを利用すれば設計の節目節目に概

　算を行える）

・新たな分野との連携の可能性が高まる（積算デー

　タの有効活用）

　　＊FM・LCC

　　＊保守管理・建物資産管理

　　＊施工図　　　etc.

　以上のように、多くの課題点もあるが、メリット
の方がはるかに大きい。課題点の全てではなくとも、
何点かが解決できれば、BIM連携積算にかなりの進
展があるものと思われる。

2 BIMとIPD

　IPD（Integrated Project Delivery）とは、米国の建
設業界から生まれた新たな考え方で、BIMを利用し、
建設プロジェクトに関わる建築家や施主、請負者な
ど関係するメンバー全てと情報や目標を共有するこ
とをいう。これにより、チーム全体が良好な関係を
構築しやすくなる。またIPDは、BIMを建築生産全
般に活用し、情報の共有化と併せて建築生産の効率
化を最大化することを目的としている。

3 BIMの運用体制

　上記でも述べたように、BIMはチームワークが重
要な要素で、特に設計者との協力が欠かせない。図
4・3は、香港積算協会（HKIS）主催のBIM関係の
国際会議で発表した内容で、双方ともBIMモデル作
成における設計者と積算者の協力の重要性を表して
いる。この考え方は、日本でも海外でも全く同様で
ある。

4 BIMとフロントローディング

　フロントローディングとは、業務や作業の前倒し
をいう。BIMでは、各部材などをモデリングする際
に、これまでより早い段階で設計仕様（属性情報）
などを決めていく必要性が出てくる。したがって、

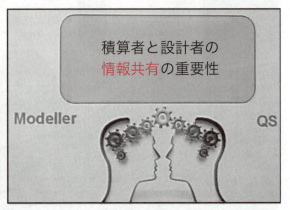

※QS＝クォンティティ・サベイヤー＝積算者
※BIMers, Modeller＝BIMモデルの作成者で一般的には設計者を指す。

図4・3　BIMの運用体制

設計作業の初期段階は従来より作業の負荷が大きくなるが、早い段階で様々な検討が行えるので、手戻りなどによるスケジュール遅延を防止することにもつながる。

イメージとしては、図4·4の作業負荷を表す①の曲線が、フロントローディングを表し、設計作業の早い段階で大きな山を迎えるが、②の従来の作業手法では、実施設計の終盤に作業が集中し、この時点で検討不足などが原因で予算オーバーなどが発生すれば、大きな手戻りとなる。

またメリットでも述べたが、設計の節目節目でBIMデータを活用した概算を行えば、多段階のコストチェックも可能になる。BIMでは、模型を作らずとも3次元モデルの可視化により設計検討ができるなど、プレゼンテーション機能やシミュレーション機能も併せ持っているので、有効活用すればコストも含めた設計の最適化が可能になる。

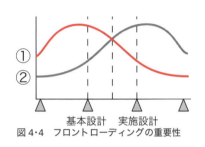

図4·4　フロントローディングの重要性

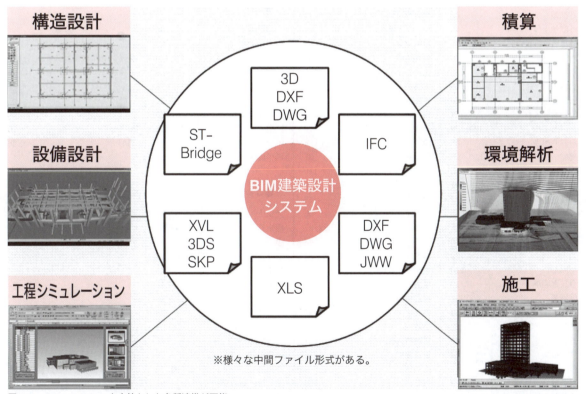

※様々な中間ファイル形式がある。

図4·5　BIM＝3D-CADを中核とした各種連携が可能

索引

【編著者】

渡邉浩文（わたなべ ひろふみ）　　　　　　　1章担当
株式会社安井建築設計大阪事務所コスト計画部長
1963年大阪府生まれ、住宅メーカーにて商品開発、店舗・事務所等の設計に携わった後、1992年に安井建築設計事務所に入社、2011年より現職。（公社）日本建築積算協会関西支部副支部長。

生島宣幸（いくしま のぶゆき）　1章・2章（仮設工事）・3章（改修工事）・4章担当
株式会社日積サーベイ代表取締役
1978年東海大学工学部建築学科卒業、同年株式会社日積サーベイ（旧：日積工務）入社。2000年代表取締役就任。（公社）日本建築積算協会理事（会員委員会担当）・同関西支部講師。共著に『建築生産』（理工図書）、『建築積算士ガイドブック』（日本建築積算協会）、『CMガイドブック』（日本コンストラクション・マネジメント協会）、『主として建築設計者のためのBIMガイド』（建築保全センター）他。

本書の編集に当たり、京都建築専門学校・施工積算担当、久保孝之先生のご協力をいただきました。ここに記して感謝の意を表します。

【著者】

堤忠正（つつみ ただまさ）　　　　　　2章（仕上げ）担当
株式会社二葉積算大阪支社長
1959年2月京都府生まれ。1981年3月近畿大学理工学部建築学科卒業、同年4月株式会社二葉積算入社、現在に至る。

清家将生（せいけ まさお）　2章（開口部・間仕切下地）・3章（鉄骨造）担当
蓮積算代表
1964年京都府生まれ。1984年大阪市立工芸高等学校建築科（現建築デザイン科）卒業。建築積算事務所勤務・取締役を経て、2015年蓮積算を設立。

東泰紀（ひがし やすのり）　　　　2章（土工・地業・躯体）担当
株式会社東建築積算士事務所代表取締役社長
1980年大阪府生まれ。2000年関西芸術短期大学デザイン美術科環境デザインコース卒業。2002年株式会社東建築積算士事務所入社。2012年代表取締役社長就任。一級建築士、建築積算士、建築生産専攻建築士。（公社）日本建築積算協会関西支部役員。

花岡健（はなおか けん）　　　3章（木造）・本書全体のイラスト担当
一級建築士事務所NPO法人京都文化財建造物研究所主任、〈専〉京都建築大学校非常勤講師
1962年東京都生まれ。関東学院大学工学部建築学科卒業。工務店、設計事務所勤務を経て2008年より現職。一級建築士、1級建築施工管理技士、インテリアプランナー。元京都建築専門学校・京都美術工芸大学非常勤講師。

図説 やさしい建築積算

2017年11月1日　　第1版第1刷発行
2023年6月10日　　第1版第4刷発行

編著者　渡邉浩文・生島宣幸
著　者　堤忠正・清家将生・東泰紀・花岡健

発行者　井口夏実

発行所　株式会社学芸出版社
　　　　京都市下京区木津屋橋通西洞院東入
　　　　〒600-8216　電話075-343-0811
　　　　http://www.gakugei-pub.jp/
　　　　E-mail info@gakugei-pub.jp
編集担当　岩崎健一郎

印　刷　創栄図書印刷
製　本　新生製本
装　丁　KOTO DESIGN Inc. 山本剛史
編集協力　村角洋一デザイン事務所